WRITiNG

EMAIL Writing **30**^일

매일 훈련의 기적

영어 라이팅 훈련

라이팅을 잘하려면 매일매일 밥 먹듯이 쓰기 훈련을 해야 합니다. 문장 확장 방식Expansion Mode을 도입한 〈영어 라이팅 훈련〉으로 매일 조금씩 써 가다 보면 한 문장 한 문장이 모여 어느새 한 문단이 되는 경험을 하게 되고, 어떤 EMAIL Writing에도 자신감이 붙게 됩니다.

문장 익힘 MP3 통파일 다운로드 www.**saramin**.com

한일 지음

EMAIL Day 31-45

TRAINing

1

사람in
saram in.com

WRITiNG 영어 라이팅훈련 TRAIN ing

본 도서는 기출간된 〈영어 라이팅 훈련 실천 다이어리〉의 2nd Edition입니다.

영어 라이팅 훈련 **EMAIL** Writing 2nd Edition

저자 | 한일
초판 1쇄 발행 | 2012년 2월 24일
개정 1쇄 발행 | 2020년 6월 18일
개정 2쇄 발행 | 2022년 3월 25일

발행인 | 박효상
편집장 | 김현
기획 · 편집 | 장경희, 하나래
디자인 | 임정현
본문 · 표지 디자인 | 박성미
마케팅 | 이태호, 이전희
관리 | 김태옥

종이 | 월드페이퍼
인쇄 · 제본 | 예림인쇄 · 바인딩

출판등록 | 제10-1835호
발행처 | 사람in
주소 | 04034 서울시 마포구 양화로11길 14-10(서교동 378-16) 3F
전화 | 02) 338-3555(代) 팩스 | 02) 338-3545
E-mail | saramin@netsgo.com
Website | www.saramin.com

:: 책값은 뒤표지에 있습니다.
:: 파본은 바꾸어 드립니다.

ⓒ 한일 2020
ISBN 978-89-6049-836-5 14740
      978-89-6049-834-1(set)

우아한 지적만보, 기민한 실사구시 **사람in**

WRITiNG

EMAIL Writing **30**일

매일 훈련의 기적

영어
라이팅 훈련
TRAIN*ing*

EMAIL
Day 31-
45

사람in
saram
in.com

왜 라이팅 훈련인가

이제는 Writing이 대세!

피할 수 없는 때가 다가와 버렸죠! 쓰는 능력을 중요시하는 시대가 왔다는 얘기입니다. 쓰기는 그 사람의 언어 능력을 평가하는 최종 단계이자 지적 능력을 집약적으로 확인할 수 있는 방법입니다. 우리는 말로 모든 것을 처리하던 시대를 뛰어넘어서 매일 넘쳐나는 문서 속에 살고 있습니다. 당연히 문서를 쓸 수 있는 쓰기 능력이 있어야 살아남을 수 있다는 얘기죠!

영어는 규칙 언어입니다. 그러므로 어떤 규칙을 사용해야 하는지 아는 것은 기본입니다.

영어는 규칙 언어이고 문법이 지배하는 언어입니다. 그래서 항상 〈주어+동사+목적어〉처럼 정해진 순서를 따르죠. 그러나 한가지 문법 패턴을 너무 많이 반복해서 쓰면 글이 성의 없어 보이고 창조적이지 않은 느낌을 주게 됩니다. 그렇다고 해서 영어에 존재하는 모든 문법을 전부 사용해야 하는 것 또한 아니에요. 빈도가 높은 문법을 먼저 사용하면 됩니다. 이 책에 소개되어 있는 문법은 주먹구구식으로 뽑은 문법이 아니라 사용 빈도가 높은 것만 모아 놓은 것입니다. 필수적인 문법들의 모임이라고 보시면 됩니다. 글을 쓰는 데 있어서 사용하지 않고는 견딜 수 없을 만큼 빈도수가 높은 문법들이므로 반드시 기억하고 익혀 두어야 합니다. 어떤 영어 문장을 쓰든지 여기에 있는 문법들이 개입할 수 밖에 없다는 것을 깨닫게 될 것입니다.

글쓰기에 확실하게 활용할 수 있는 문법이 몇 개나 되나요?

영어 문장은 각 단어가 쓰이는 고유한 순서를 가지고 있습니다. 이렇게 한 번 정해진 단어의 순서는 바뀌지 않습니다. 이 순서를 많이 알면 알수록 다양한 문장을 쓸 수 있게 됩니다. 여러분은 머릿속에 자신 있게 쓸 수 있는 단어의 조합을 몇 개나 가지고 있나요? 오늘부터 〈영어 라이팅 훈련〉으로 쓰기 훈련을 하면서 그 수를 늘려나가도록 해보세요. 빗물이 모여 바위를 뚫듯이 한 달 혹은 두 달 후에는 달라진 여러분의 라이팅 실력을 실감하게 될 것입니다.

한일

이 책의 특징 및 활용법

FEATURES

문장 확장 방식을 도입한 쓰기 훈련북 <영어 라이팅 훈련>은 '구슬이 서말이라도 꿰어야 보배'라는 말이 있듯이 영어로 글쓰기를 잘하기 위해서는 문법과 어휘만 알고 있어서는 안 되며 매일매일 밥 먹듯이 쓰기 훈련을 해야 한다는 믿음으로 만들어진 본격 영어 라이팅 훈련서입니다. 문장 확장 방식 (Expansion Mode)을 도입한 쓰기 훈련서로, 매일 조금씩 써나가다보면 자연스럽게 영어 문장 구조에 대한 이해가 넓어지고 문장이 쭈욱쭉 길어지는 경험을 하게 될 것입니다. 읽거나 들었을 때는 쉬운 문장이어도 입을 열고 말을 하거나 글로 쓰려면 머리 속이 하얘지는 경험 많이 해보셨죠? 너무 쉽다 하지 마시고 <영어 라이팅 훈련>으로 영어 쓰기의 기초부터 탄탄히 다져보세요. 한 문장 한 문장이 모여 어느새 한 문단이 되고 곧 TOEFL, TEPS 등 어떤 Writing 시험에도 자신감이 붙게 될 것입니다.

1. 문장 확장 방식으로 매일매일 밥 먹듯이 쓰면서 훈련한다!

써야 한다는 당장의 필요를 먼저 채울 수 있도록 구성했습니다. 이론적인 설명이 있기 훨씬 이전부터 문장과 그 문장이 쓰여지는 절차가 있었습니다. 그러므로 직접 쓰면서 그 절차를 익히는 것이 가장 좋은 방법입니다. 이론적인 설명은 문장을 쓴 후에 들으면 더 이해가 잘 되겠죠. 이 책은 문장 확장 방식 (Expansion Mode)을 도입하여 쓰기 훈련을 하는 훈련북으로, 설명보다는 먼저 쓰는 것에 중점을 두었습니다.

2. 문장이나 글을 쓸 때 반드시 알아두어야 할 문법 사항들을 모았다!

영어로 글을 쓸 때 가장 자주 사용되는 문법 사항들만을 모아 Unit(Day)를 구성하였습니다. Writing을 해야 할 상황이 닥쳤을 때 여기에 나와 있는 문법 포인트들을 우선적으로 활용하여 글을 쓰면 되는 것이죠. 이 책으로 쓰기 훈련을 해보면 아시겠지만 이 책에 등장한 문법 사항들을 쓰지 않으려고 애를 써도 어쩔 수 없이 쓰게 될 만큼 빈도수 높은 핵심 문법 포인트들입니다.

3. 단문에서 장문까지, 장문에서 paragraph까지 한번에 정복한다!

짧은 단문은 많은 내용을 담지 못합니다. 그래서 장문을 쓰게 되죠. 각 Unit는 어떻게 짧은 단문에서 장문으로 문장을 늘려가는지 쉽게 연습할 수 있도록 구성되어 있습니다.
그 다음 여러 개의 장문을 동원해서 한 가지 주제에 대해 글을 쓰는 방법을 보여줍니다. 이렇게 여러 개의 문장이 내용상 연결성을 가지면서 한자리에 모여 있을 때 그것을 paragraph(단락)라고 하는데, 이 책을 통해서 paragraph writing을 할 수 있는 단계까지 연습하게 됩니다. 중간중간 테마별 paragraph writing 순서가 총정리 단계로 포함되어 있는데 사실은 이 paragraph writing을 잘하게 되는 것이 우리가 sentence writing을 훈련하는 목표라 할 수 있죠.

HOW TO USE THIS BOOK ·~~~~~~~~~~~~~~~~•

확장 방식(Expansion Mode)이란?

영어 문장은 크게 Essential 부분과 Additional 부분으로 나눌 수 있어요. 말이 좀 어렵긴 하지만 그냥 Part 1 또는 Part 2라고 구분해도 되요. 용어는 그다지 중요하지 않지만 이 두 개념은 가르치는 선생님이나 학생들 모두 알고 있어야 합니다.

Essential이라고 하는 이유는 이 부분이 문법적으로 중요한 부분이기 때문이에요. 잘못 쓰면 바로 틀린다는 얘기죠. 아무리 좋은 내용의 문장을 썼어도 Essential에 해당하는 부분에서 문법이 틀리면 전체 문장이 모두 틀린 것으로 간주될 만큼 중요한 부분이므로 writing할 때 조심해야 한답니다.

나머지 부분을 Additional이라고 하는데 그 이유는 이 부분이 문법적으로 그다지 중요하지 않기 때문에 이 부분을 빼도 전체 문장이 문법상 틀리지 않기 때문이에요. Additional을 빼주면 해당 부분의 내용만 조금 빠질 뿐 전체 문장에는 아무런 지장이 없거든요. 우리가 글을 길게 잘 쓰기 위해서 가장 유용하게 사용할 수 있는 부분이 바로 이 Additional 부분이라고 보시면 됩니다.

그럼 Essential과 Additional이 어떻게 협조해가면서 문장을 만드는지 한번 살펴볼게요.

Essential 1 ➡ 명사 + 동사 (=I go)
Additional 1 ➡ 전치사 + 명사 (=to school)
Essential 1 + Additional 1 ➡ '명사 + 동사' '전치사 + 명사' (=I go + to school.)

이렇게 Essential과 Additional이 만나면 문법과 내용이 모두 충실한 좋은 문장이 만들어집니다. 보고 따라서 써볼 수 있겠죠!

Essential 부분의 '명사+동사'는 절대로 뺄 수 없는 중요한 부분입니다. 반면에 Additional 부분의 '전치사+명사'는 내용상 필요해서 부가적으로 들어간 부분이므로 빼도 전체 문장의 문법이 틀리지 않는 부분이지요. 만일 문법의 영향을 받지 않는 Additional을 몇 개 더 추가하면 어떤 현상이 일어나게 될까요? 문장이 길어지겠죠 아주 중요한 개념이므로 다음 보기를 잘 보고 감을 잡아 놓도록 하세요.

Essential 1 ➡ I go
Additional 1 + Additional 2 + Additional 3 + Additional 4
➡ to school + by bus + from Monday + to Friday
Essential 1 + Additional 1 + Additional 2 + Additional 3 + Additional 4
➡ I go to school by bus from Monday to Friday.

E	A1	A2	A3	A4

보다시피 영어 문장을 길게 쓸 때는 Additional 부분이 대단히 유용한 도구로 쓰인답니다. 이 유용한 도구를 많이 가질수록 좋다는 사실을 깨달은 영어가 더 다양한 종류의 Additional을 만들어 내기 시작했으며 그 결과 to부정사, 부사, 형용사, 형용사절, 분사와 같은 더 많은 Additional이 만들어지게 되었지요. 이 중에 한두 개의 Additional을 더 사용해서 문장을 늘려 보도록 할게요. 잘 보고 그대로 따라 하세요.

- Additional로 부사와 to부정사(~하기 위하여) 사용하기
  Actually I go to school by bus from Monday to Friday to volunteer.
  부사 ⸺⸺⸺⸺ to부정사 ⸺⸺⸺⸺⸺

- Additional로 분사와 형용사 사용하기
  I go to school located in downtown by local bus from Monday to Friday.
  ⸺⸺⸺ 분사 ⸺⸺⸺ ⸺ 형용사 ⸺⸺⸺⸺

이렇게 Essential을 만든 후 거기에 Additional을 더해가면서 문장 쓰기 연습을 하는 것을 확장 방식 (Expansion Mode)이라고 합니다. 체계적이고 쉽게 영어 문장을 쓸 수 있는 방법이므로 일선 교사들과 학생들이 영어 쓰기 훈련을 할 때 적극 활용하기를 바랍니다. 〈영어 라이팅 훈련〉을 통해 여러분들은 Essential 부분을 쓰는 꾸준한 훈련과 다양한 Additional을 추가하여 긴 문장을 만드는 훈련을 하게 될 것입니다.

DON'T FORGET

1 Writing 할 때 많이 활용되는 빈도수 높은 문법이 무엇이 있는지 알아두세요!
2 각 chapter에 나오는 문법이 어떻게 문장 속에 적용되는지 알아두세요!
3 Paragraph는 배운 문법을 연습하는 부분이기도 하지만 그보다도 고급스러운 communication이 가능할 만큼 충분한 양을 써보는 부분입니다. 절대로 그냥 넘어가지 마시고 보고 베끼더라도 꼭 쓰고 넘어가도록 하세요. 정답을 미리 읽고 써도 좋으니 절대 건너뛰지 마시길!
4 완성 문장 확인하기에 나온 문장들은 시간이 날 때마다 MP3 음원을 들으면서 자주 읽어보도록 하세요!

HOW TO WRITE AN E-MAIL ⟳⟳⟳⟳⟳⟳⟳⟳⟳⟳⟳⟳●

이메일 쓰기가 이제 시험에 등장하는 시대가 되었습니다. 왜 그럴까요? 세상 사람들이 모두 이메일을 쓰는 시대이기 때문이죠. 그래서 이메일을 잘 쓰는 기술이 살아가는 데 꼭 필요한 요구사항이 되어버렸습니다.

매 초당 2백50만통, 하루에는 2천9백40억통의 이메일이 오가고 있는 것이 현실입니다. 여러분의 이메일도 이 가운데 하나입니다.

그렇다면 실제로 어떤 내용의 이메일들이 오가고 있는지 짐작이 되시나요? 그 리스트를 한눈에 보기 좋게 정리해 보았는데 꽤 많네요. 여러분은 아래 나열된 각 주제와 관련된 이메일을 다섯 줄 정도씩만 쓸 수 있으면 준비가 잘 되어 있는 거랍니다. 부담되시죠?

E-mail의 다양한 주제

① Adjustment	㉔ Family and Friend Matters	㉗ Warranties
② Advice	㉕ Follow-up	㉘ Query Letters
③ Announcement	㉖ Fundraising	㉙ Recommendations
④ Arrangement	㉗ Getting Well	㉚ Refusals
⑤ Apologies	㉘ Giving	㉛ Regrets
⑥ Application	㉙ Goodwill	㉜ Rejections
⑦ Appreciation	㉚ Holiday	㉝ Religious Reports
⑧ Birthday	㉛ Information	㉞ Requests
⑨ Borrowing	㉜ Instruction	㉟ Responses
⑩ Charitable Contributions	㉝ Invitation	㊱ Sales
⑪ Classroom Issues	㉞ Job Preparation	㊲ Schools and Education
⑫ Clubs/ Organizations	㉟ Legal Letters	㊳ Sensitive Issues
⑬ Community Activities	㊱ Love	㊴ Shopping
⑭ Complaints	㊲ Medical Care	㊵ Suggestions
⑮ Confirmation	㊳ Memos	㊶ Support
⑯ Congratulation	㊴ Neighborhood Events	㊷ Sympathy and Condolence
⑰ Contrasts	㊵ Office Issues	㊸ Casual Thank-you
⑱ Cover Letter	㊶ Orders	㊹ Travel Arrangement
⑲ Credit	㊷ Pen Pals	㊺ Volunteerism
⑳ Customer Service	㊸ Personal Letters	㊻ Wedding Correspondence
㉑ Employee Relations	㊹ Pets	㊼ Welcome
㉒ Employment	㊺ Policies	
㉓ Entertainment	㊻ Proposals	

그런데 고민은 여기서부터 시작됩니다. 과연 여기 있는 이메일을 주제별로 모두 다 써 봐야 할까요? 그건 아닙니다. 이메일이라는 큰 테두리 안에서 주로 사용되는 문법, 말투, 그리고 표현들을 알고 있으면 대개의 이메일에 공통으로 적용할 수 있습니다. 다시 말해서, 이메일의 주제와 크게 상관없이 어디에나 쓸 수 있는 표현과 문법이 있다는 말이죠. 그렇다면 그것부터 익혀 두는 것이 필수겠죠? 위에서 일러준 70여 개의 이메일 주제 가운데 가장 사용 빈도수가 높은 것, 그리고 다른 이메일의 내용을 구성하는 데 공통으로 적용할 수 있는 표현을 가장 많이 가지고 있는 것이 다음의 5개 이메일 주제입니다.

- Request(요구)와 관련된 메일
- Apologies(사과)와 관련된 메일
- Persuasion(설득)과 관련된 메일
- Notification(통보, 알림)과 관련된 메일
- Understanding, Consent(양해, 합의, 이해)와 관련된 메일

〈영어 라이팅 훈련 E-MAIL WRITING〉에서는 위의 5개 상황과 관련된 이메일을 잘 쓸 수 있도록 훈련하는 것을 목표로 삼고 있습니다. 그래서 이 이메일에 쓰인 표현과 문법을 쉽게 적용하여 다른 내용의 이메일도 잘 쓸 수 있도록 유도하고자 합니다. 학습자 여러분들은 70여 개 이메일 주제들의 핵심이라 할 수 있는 이 5개의 이메일을 자신 있게 쓸 수 있을 때까지 열심히 훈련하시기를 바랍니다!

E-mail의 기본 양식
이메일의 성격에 따라 더 필요한 부분이 있을 경우 아래 양식에서 추가되거나 생략되기도 하지만 이 구성을 기본으로 하기 때문에 어떤 주제에 대한 이메일 쓰기에도 적용할 수 있습니다.

1. Greetings
인사말은 주로 Dear로 시작합니다.
Ex. Dear Susan, Susan에게

2. Purpose
어떤 내용의 message를 말하고 싶은지 명확하게 일러주고, 장황하지 않도록 조심합니다.
Ex. I need to tell you the schedule. 일정을 말씀드리려고 합니다.
　　 I am sorry about my mistake. 제 실수에 대해 죄송하게 생각합니다.
　　 You are very nice. You helped me yesterday. 매우 친절하시군요. 어제는 제게 도움이 되었습니다.

3. Action
Email을 받는 사람이 어떤 행동을 취해야 하는지 또는 취하길 바라는지 정확히 일러줍니다. 대상에 따라서 공손한 말투도 사용할 수 있고 좀 더 직접적인 말투도 사용할 수 있습니다.
Ex. Please, call me before three o'clock. 3시 전에 제게 전화 주십시오.
　　 Can you visit me when you have time? 시간 되실 때 저를 방문해 주시겠어요?
　　 Would/Could you give me another chance? 기회를 다시 주실 수 있을까요?

4. Endings
짧고 간단한 email용 인사를 써서 마무리합니다. 가장 많이 사용하는 인사는
Sincerely, Yours sincerely, Best regards, Best wishes, Regards입니다.
Ex. Sincerely, ~ 올림(편지에서 맺음말)

5. Names
마무리 인사 밑에 보내는 사람의 이름을 씁니다. 이름을 먼저 쓰고 그 다음 성을 씁니다.
Ex. Il Han (이름+성), Jason (이름)

이 책의 구성

<영어 라이팅 훈련>은 간단한 단문에서 시작해 단문에 살을 붙여 문장을 확장해나가는 방식으로 라이팅을 훈련하는 훈련북입니다. 문장 확장하기로 바로 건너뛰지 마시고 반드시 문장 시작하기부터 순서대로 훈련하세요!

핵심 문법 설명 & 훈련 기록

오늘 라이팅 훈련할 문장들의 뼈대를 이루는 문법 사항에 대한 기본 지식을 습득한 후, 꾸준한 훈련을 위해 훈련 기록을 남겨 보세요.

문장 시작하기

문장 시작하기에서는 한글로 주어진 단문을 영어로 바꾸는 훈련을 합니다. Word box에 주어진 단어를 참고로 기본 문장을 만들어 보세요.

문장 확장하기

자, 지금부터 문장이 길어집니다. 문장 시작하기에서 써본 문장의 정답을 확인해봄과 동시에 문장 시작하기에서 확장된 형태의 문장을 써봅니다.

문장 더 확장하기

문장이 쭈욱쭉 길어지는군요. 문장 확장하기에서 써본 문장의
정답을 확인해봄과 동시에 문장 확장하기에서 더 확장된 형태의
문장을 써봅니다.

완성 문장 확인하기

문장 시작하기, 문장 확장하기, 문장 더 확장하기에서 쓰기 훈
련한 문장의 완성 문장을 확인할 수 있습니다. 문장마다 확장바
(expansion bar)가 있어 여러 번 확장된 문장이라도 확장된 경
로를 한눈에 확인할 수 있습니다. 완성 문장은 네이티브 스피커
의 음성으로 확인할 수 있으며 듣기와 말하기를 동시에 연습할
수 있습니다.

이메일 라이팅

문법 사항을 기본으로 한 문장 연습을 토대로 하여 이번에는 문
단 쓰기에 도전해봅니다. 사실, 이 파트를 잘 쓰는 것이 이 책
의 학습 목표입니다! 가장 자주 쓰는 상황의 메일을 확장해가면
서 써나가다 보면 어느새 그럴듯한 이메일이 완성되어 있을 것
입니다.

🎧 MP3 파일 활용법

〈영어 라이팅 훈련〉에서 쓰기 훈련한 모든 완성 문장과 Paragraph Writing이 네이티브 스피커의 음성으로 녹음되어 있습니다.
쓰기 훈련을 한 후 MP3 파일 음원을 들으면서 따라 말하기 훈련을 하여 써본 문장을 완전히 내 것으로 만들어 보세요!
MP3 파일은 www.saramin.com 자료실에서 다운로드 받으세요.

라이팅 코치를 위한 친절한
Learning Theory

각 코너 별 라이팅 훈련 시 아래 사항들에 유의하여 훈련할 수 있도록 지도해주세요.

LEARNING THEORY 1

한국말 문장에는 주어가 없더라도 영어에는 항상 있다는 점을 기억하세요. 한국말에서 주어를 생략하고 말하는 현상을 '내용에 따른 주어 생략(subject deletion context)'이라고 하고, 영어에서 항상 주어를 써 줘야 하는 현상은 '고정된 주어(subject fixation)'라고 합니다. 한국말 문장에서는 주어가 안 보이더라도 영어로 옮길 때는 항상 내용상 필요한 주어를 써 줘야 한다는 것을 잊지 마세요.

Ex. 그것들을 보내 줄 수 있겠습니까? ⋯▶ 주어 you 필요

빠른 답변 주시면 감사하겠습니다. ⋯▶ 주어 I 필요

LEARNING THEORY 2

영어의 기본 문장 구조는 '주어 + 동사 + 목적어'입니다. 반면 한국어는 '주어 + 목적어 + 동사'라는 다른 순서를 가지고 있으므로 그 차이점을 학습 초기부터 깨달을 수 있도록 기본 문장 훈련을 많이 시키는 것이 필요합니다.

LEARNING THEORY 3

모든 영어 문장 속에 지금처럼 전치사를 여러 개 사용할 수 있는 것은 아닙니다. 그러나 한국말에서는 영어의 전치사와 같은 말을 그 순서나 개수에 상관 없이 자유롭게 쓸 수 있다 보니 서로 상충되는 면이 생기게 됩니다. 이렇게 두 언어가 유사한 기능의 문법을 가졌으나 사용 방식에 차이를 보일 때는 학습자의 모국어의 방식에 따라서 먼저 익히게 하는 것이 효과적입니다. 비록 영어적으로는 어색하고 실수처럼 보이지만, 학습자가 해당 문법을 모국어에 맞추기 위해 의도적으로 만든 어색함이나 실수는 시간이 지남에 따라 스스로 수정하는 학습적 효과(self-revision effect)를 가져옵니다. 따라서 전치사구의 문법적 순서를 지나치게 강조하기 보다는 일단 학습자가 쓸 수 있는 만큼 최대한(maximum)으로 써보게 한 후, 문장을 늘리는 것이 더 좋은 수업 효과를 가져올 수 있습니다.

LEARNING THEORY 4

Paragraph Writing을 할 때는 내용을 조금씩 보강해갈수록 복잡한 문장에 점점 익숙해지게 하여 원하는 목표에 가까워질 수 있습니다. Story Writing은 작은 단위에서부터 조금씩 문장을 확장해감으로써 나중에는 다양한 문법이 섞인 복잡한 구조의 문장을 직접 쓰고 이해할 수 있도록 하였습니다. 이 단계는 다음의 3가지 Skinner가 제시하는 스텝을 응용해서 구성하였습니다.

① Clearly specify the goal. (목표를 뚜렷히 할 것 – 어떤 문법이 들어간 문장을 쓸지 명확히 노출해야 합니다.)
② Break down the task, simple to complex. (간단한 과제에서 복잡한 과제로 유도합니다.)
③ Adjust so that the student is always successful until finally the goal is reached. (항상 학생이 성공적으로 문장을 쓸 수 있도록 다양한 도움과 tool을 제공해서 마지막 스토리를 쓸 수 있도록 합니다.)

LEARNING THEORY 5

학습 이론 중 학습 목표가 되는 문법을 여러 번 반복적으로 보여줌으로써 눈에 띄게 하는 방법이 있습니다. 단 하나밖에 없는 것도 기억에 남지만 동일한 문법 구조를 가진 것이 지나치게 많아도 눈에 띄고 기억이 되는 학습 효과를 염두에 두고 구성하였습니다. ➡ Marked Abundance

LEARNING THEORY 6

E-maill Writing에서 제시하고 있는 우리말 이메일의 어투가 우리말로만 읽었을 때는 조금 어색할 수 있습니다. 그 이유는 첫째, 학습자들이 e-mail을 영어(target language)로 옮기기에 용이하도록 단어 배치를 해서 그렇습니다. 둘째, 학습목표가 되는 문법의 Marked Abundance 때문에 그렇습니다. 우리말 해석의 자연스러움보다 학습 효과를 극대화하는 데 초점을 맞추어 특수하게 디자인 된 스토리라는 점을 양지해 주시기 바랍니다.

LEARNING THEORY 7

영어에서 관사(a, an, the)의 쓰임은 한국말보다 훨씬 더 두드러집니다. a, an, the를 어떠한 단어 앞에 써야 할지 말아야 할지는 시간이 많이 걸리더라도 관사가 들어 있는 다양한 영어 문장을 접해봄으로써 내용을 보고 정할 수 있도록 훈련시키는 것이 좋습니다. 영어에는 있는데(Ex. 관사 a, an, the) 한국어에는 없거나 중요하지 않게 다뤄지는 문장 요소가 있을 경우 지나치게 문법적인 규칙을 주입시키는 것보다 경험을 통해 이해시키는 것이 효과적입니다. ➡ Inductive Teaching

CONTENTS

E-mail
Day 31-45

31

to부정사의 목적격

to부정사 목적격 to부정사(to + 동사원형)는 문장 안에서 동사의 목적어로 사용될 수 있다.

주로 '~하는 것을, ~하기를'로 해석된다.

Ex. Some people like **to read** adventure novels.

어떤 사람들은 모험소설을 **읽는 것을** 좋아해요.

to부정사 목적격의 위치 동사 뒤에 쓴다.

시작 시간 _____년 _____월 _____일 _____시_____분

마친 시간 _____년 _____월 _____일 _____시_____분   총 연습 시간 _____분

어구 시작하기

다음 어구를 영어로 써 보세요.

> *to* 뒤에 동사원형을 붙여서 *to*-부정사 만들기 → *to* + 동사원형(~하는 것)

읽다 ‣ *read*

읽는 것 ‣

마시다 ‣ *drink*

마시는 것 ‣

도와주다 ‣ *help*

도와주는 것 ‣

입다 ‣ *wear*

입는 것 ‣

매력을 끌다 ‣ *attract*

매력을 끄는 것 ‣

단단히 매다 ‣ *fasten*

단단히 매는 것 ‣

주다 ‣ *give*

주는 것 ‣

추천하다 ‣ *recommend*

추천하는 것 ‣

받다 ‣ *receive*

받는 것 ‣

복사하다 ‣ *copy*

복사하는 것 ‣

📖 다음 페이지에서 정답을 확인하세요.

Check it out
완성 어구 확인하기

완성 어구를 확인하고 여러 번 쓰고 읽어 보세요. MP3 31-01

읽다 ‣ **read**		마시다 ‣ **drink**	
읽는 것	to read	마시는 것	to drink
도와주다 ‣ **help**		입다 ‣ **wear**	
도와주는 것	to help	입는 것	to wear
매력을 끌다 ‣ **attract**		단단히 매다 ‣ **fasten**	
매력을 끄는 것	to attract	단단히 매는 것	to fasten
주다 ‣ **give**		추천하다 ‣ **recommend**	
주는 것	to give	추천하는 것	to recommend
받다 ‣ **receive**		복사하다 ‣ **copy**	
받는 것	to receive	복사하는 것	to copy

(문장.) 시작하기

오른쪽에 주어진 단어를 참고로
다음 문장을 영어로 써 보세요.

1 어떤 사람들은 좋아해요.

( )

2 저는 자원했어요.

( )

3 우리는 기대해요.

( )

4 그가 약속했어요.

( )

5 저는 희망해요.

( )

- *promise*
- *expect*
- *volunteer*
- *people*
- *hope*
- *like*
- *some*

6 그 아이들이 원해요.

《 　　　　　　　　　　　　　　 》

7 그 소년은 거절했어요.

《 　　　　　　　　　　　　　　 》

8 승객들은 필요해요.

《 　　　　　　　　　　　　　　 》

9 그녀는 망설였어요.

《 　　　　　　　　　　　　　　 》

10 Mike가 결정했어요.

《 　　　　　　　　　　　　　　 》

- *hesitate*
- *refuse*
- *passenger*
- *want*
- *decide*
- *kid*
- *need*

다음 페이지에서 정답을 확인하세요.

문장 확장하기 ----------→

> 동사 뒤에 *to*부정사를 목적어로 붙이기
> → 동사 + 목적격 *to*부정사

확장된 다음 문장을 영어로 써 보세요.

1 어떤 사람들은 읽는 것을 좋아해요.

Some people like _____.

• *attract*

• *receive*

• *help*

2 저는 돕는 것을 자원했어요.

I volunteered _____.

• *read*

• *give*

3 우리는 매력을 끌 것이라고 기대해요.

We expect _____.

4 그가 주기로 약속했어요.

He promised _____.

5 저는 받기를 희망해요.

I hope _____.

6 그 아이들이 마시기를 원해요.

The kids want _____.

7 그 소년은 입기를 거절했어요.

The boy refused _____.

8 승객들은 단단히 맬 필요가 있어요.

Passengers need _____.

9 그녀는 추천하는 것을 망설였어요.

She hesitated _____.

10 Mike가 복사하기로 결정했어요.

Mike decided _____.

문장 **더** 확장하기

> to부정사 뒤에 내용 더 추가하기
> → to부정사 + 명사 목적어

더 확장된 다음 문장을 영어로 써 보세요.

1 어떤 사람들은 모험소설을 읽는 것을 좋아해요.

Some people like to read   .

2 저는 그 환자들을 돕는 것을 자원했어요.

I volunteered to help   .

3 우리는 고객들에게 매력을 끌 것이라고 기대해요.

We expect to attract   .

4 그가 또 다른 기회를 주기로 약속했어요.

He promised to give   .

5 저는 당신의 지원을 받기를 희망해요.

I hope to receive   .

- *customer*
- *chance*
- *adventure*
- *support*
- *patient*
- *novel*
- *another*

6 그 아이들이 탄산음료를 마시기를 원해요.

The kids want to drink _____ .

7 그 소년은 노란색 바지를 입기를 거절했어요.

The boy refused to wear _____ .

8 승객들은 안전벨트를 단단히 맬 필요가 있어요.

Passengers need to fasten _____ .

❖ 안전벨트처럼 여러 사람이 공공의(public) 개념으로 사용하는 사물에는 the를 붙인다.

9 그녀는 그 식당을 추천하는 것을 망설였어요.

She hesitated to recommend _____ .

10 Mike가 그 책 전체를 복사하기로 결정했어요.

Mike decided to copy _____ .

* restaurant
* book
* yellow
* entire
* seatbelt
* soda
* pants

〈완성 문장 확인하기〉에서 정답을 확인하세요.

(문장 통으로.) 쓰기

이번에는 전체 문장을 통으로 써 보세요.

1   어떤 사람들은 모험소설을 읽는 것을 좋아해요.

2   저는 그 환자들을 돕는 것을 자원했어요.

3   우리는 고객들에게 매력을 끌 것이라고 기대해요.

4   그가 또 다른 기회를 주기로 약속했어요.

5   저는 당신의 지원을 받기를 희망해요.

6   그 아이들이 소다를 마시기를 원해요.

7   그 소년은 노랑 바지를 입기를 거절했어요.

8   승객들은 안전벨트를 단단히 맬 필요가 있어요.

9   그녀는 그 식당을 추천하는 것을 망설였어요.

10   Mike가 그 책 전체를 복사하기로 결정했어요.

📖 다음 페이지에서 정답을 확인하세요.

완성 문장을 확인하고 여러 번 쓰고 읽어 보세요. MP3 31-02

1 어떤 사람들은 모험소설을 읽는 것을 좋아해요.

Some people like **to read** adventure novels.

시작·· 확장··············· 더 확장··································

2 저는 그 환자들을 돕는 것을 자원했어요.

I volunteered **to help** the patients.

시작······························· 확장··············· 더 확장·······················

3 우리는 고객들에게 매력을 끌 것이라고 기대해요.

We expect **to attract** customers.

시작····························· 확장··························· 더 확장·······················

4 그가 또 다른 기회를 주기로 약속했어요.

He promised **to give** another chance.

시작····························· 확장··············· 더 확장·······························

5 저는 당신의 지원을 받기를 희망해요.

I hope **to receive** your support.

시작············· 확장··························· 더 확장·····························

6 그 아이들이 탄산음료를 마시기를 원해요.

The kids want **to drink** soda.

시작·· 확장···················· 더 확장·······

7 그 소년은 노란색 바지를 입기를 거절했어요.

The boy refused **to wear** yellow pants.

시작·· 확장···················· 더 확장·····························

8 승객들은 안전벨트를 단단히 맬 필요가 있어요.

Passengers need **to fasten** the seatbelt.

시작··· 확장··························· 더 확장····························

9 그녀는 그 식당을 추천하는 것을 망설였어요.

She hesitated **to recommend** the restaurant.

시작·································· 확장······························· 더 확장····································

10 Mike가 그 책 전체를 복사하기로 결정했어요.

Mike decided **to copy** the entire book.

시작····································· 확장···················· 더 확장·······································

to부정사를 목적어로 취하는 동사들을 외워 두세요.

- advise to ~할 것을 조언하다
- afford to ~할 여유가 있다
- agree to ~하는 것에 동의하다
- allow to ~하는 것을 허락하다
- arrange to ~할 것을 준비하다
- ask to ~해달라고 요청하다
- attempt to ~할 것을 시도하다
- beg to ~할 것을 간청하다
- bother to 일부러 ~하는 수고를 하다
- care to ~하고자 하다
- cause to ~하게 시키다
- challenge to ~하는 것에 도전하다
- claim to ~라고 주장하다
- decide to ~하기로 결정하다
- demand to ~할 것을 요구하다
- deserve to ~할 자격이 있다
- encourage to ~하라고 격려하다

- expect to ~하는 것을 기대하다
- fail to ~하는 것에 실패하다
- force to ~할 것을 강요하다
- forget to ~할 것을 잊다
- happen to 우연히 ~하게 되다
- hesitate to ~할 것을 머뭇거리다
- hope to ~할 것을 희망하다
- instruct to ~할 것을 지시하다
- learn to ~하는 것을 배우다
- manage to 어떻게든 ~해내다
- mean to ~하는 것을 의도하다
- need to ~할 필요가 있다

- offer to ~할 것을 제시하다
- order to ~할 것을 주문하다
- persuade to ~하라고 설득하다
- plan to ~할 계획이다
- prepare to ~할 것을 준비하다
- pretend to ~하는 척하다
- promise to ~할 것을 약속하다
- refuse to ~할 것을 거절하다
- regret to ~하게 되어 유감이다
- reject to ~할 것을 거절하다
- remember to ~할 것을 기억하다
- rush to ~하려고 서두르다
- seem to ~인 것 같다
- struggle to ~하려고 분투하다
- swear to ~할 것을 서약하다
- teach to ~하는 것을 가르치다
- tell to ~하라고 말하다
- tend to ~하는 경향이 있다

- threaten to ~할 것을 협박하다
- try to ~하는 것을 시도하다
- volunteer to ~할 것을 자원하다
- wait to ~하려고 기다리다
- want to ~하기를 원하다
- warn to ~하라고 경고하다
- wish to ~하기를 원하다

SENTENCE WRITING

to부정사의 주격

to부정사 주격 to부정사(to + 동사원형)를 문장의 주어로 사용하는 경우로,
주로 '～하는 것은, ～하는 것이'로 해석된다.

Ex. **To do** this for poor people is meaningful for this community.

가난한 사람들을 위해서 이것을 **하는 것은** 이 지역사회에 의미가 있어요.

to부정사 주격의 위치 동사 앞에 위치한다.

시작 시간 _____ 년 _____ 월 _____ 일 _____ 시 _____ 분

마친 시간 _____ 년 _____ 월 _____ 일 _____ 시 _____ 분   총 연습 시간 _____ 분

어구 시작하기

다음 어구를 영어로 써 보세요.

> *to*부정사 + 명사 목적어

1 이것을 하는 것

(   ) this

2 다른 자원봉사자들을 돕는 것

(   ) other volunteers

3 여행자들을 끌어들이는 것

(   ) tourists

4 그것을 끝내는 것

(   ) it

5 그의 허락을 받는 것

(   ) his permission

6 알코올 음료를 마시는 것

(   ) alcohol beverages

7 신발을 신는 것

(   ) shoes

8 그 끈을 묶는 것

(   ) the string

9 한국말을 번역하는 것

(   ) Korean

10 그 서류를 복사하는 것

(   ) the document

📖 다음 페이지에서 정답을 확인하세요.

Check it out
완성 어구 확인하기

완성 어구를 확인하고 여러 번 쓰고 읽어 보세요. MP3 32-01

1 이것을 하는 것

To do this

2 다른 자원봉사자들을 돕는 것

To help other volunteers

3 여행자들을 끌어들이는 것

To attract tourists

4 그것을 끝내는 것

To finish it

5 그의 허락을 받는 것

To receive his permission

6 알코올 음료를 마시는 것

To drink alcohol beverages

7 신발을 신는 것

To wear shoes

8 그 끈을 묶는 것

To fasten the string

9 한국말을 번역하는 것

To translate Korean

10 그 서류를 복사하는 것

To copy the document

(문장.) 시작하기

be동사 뒤에 형용사/명사 쓰기

오른쪽에 주어진 단어를 참고로
다음 문장을 영어로 써 보세요.

1 그것은 의미가 있어요.

It ( ).

2 그것은 가치가 있어요.

It ( ).

3 그것은 중요해요.

It ( ).

4 그것이 어려워요.

It ( ).

5 그것은 필요해요.

It ( ).

- receive
- valuable
- necessary
- difficult
- meaningful
- important

6 그것은 위험해요.

It 《 　　　　　　　　　　　 》.

7 그것은 안전해요.

It 《 　　　　　　　　　　　 》.

8 그것은 쉬워요.

It 《 　　　　　　　　　　　 》.

9 그것은 흥미로워요.

It 《 　　　　　　　　　　　 》.

10 그것은 비밀이에요.

It 《 　　　　　　　　　　　 》.

- *secret*
- *dangerous*
- *safe*
- *job*
- *easy*
- *interesting*

다음 페이지에서 정답을 확인하세요.

Check it out
완성 문장 확인하기

완성 문장을 확인하고 여러 번 쓰고 읽어 보세요. MP3 32-02

1 그것은 의미가 있어요.

It is meaningful.

6 그것은 위험해요.

It is dangerous.

2 그것은 가치가 있어요.

It is valuable.

7 그것은 안전해요.

It is safe.

3 그것은 중요해요.

It is important.

8 그것은 쉬워요.

It is easy.

4 그것이 어려워요.

It is difficult.

9 그것은 흥미로워요.

It is interesting.

5 그것은 필요해요.

It is necessary.

10 그것은 비밀이에요.

It is a secret.

문장 **확장**하기 - - - - - - - - ▶

> 주어 *It* 대신에 *to*부정사를 주어로 하여 문장 시작하기

확장된 다음 문장을 영어로 써 보세요.

1 이것을 하는 것은/ 의미 있어요.

_____ / is meaningful.

2 다른 자원봉사자들을 돕는 것은/ 가치가 있어요.

_____ / is valuable.

3 여행자들을 끌어들이는 것은/ 중요해요.

_____ / is important.

4 그것을 끝내는 것은/ 어려워요.

_____ / is difficult.

5 그의 허락을 받는 것이/ 필요해요.

_____ / is necessary.

- *attract*
- *permission*
- *finish*
- *volunteer*
- *this*
- *help*
- *tourist*
- *receive*
- *other*
- *do*

6 알코올 음료를 마시는 것은/ 위험해요.

           _____ / is dangerous.

                                                                      • *shoes*

                                                                    • *Korean*

                                                                    • *alcohol*

7 신발을 신는 것이/ 안전해요.

           _____ / is safe.

                                                                  • *translate*

                                                                    • *document*

                                                                    • *wear*

8 그 끈을 묶는 것은/ 쉬워요.

           _____ / is easy.

                                                                  • *fasten*

                                                                   • *beverage*

                                                                    • *copy*

9 한국말을 번역하는 것은/ 흥미로워요.

           _____ / is interesting.

                                                                  • *string*

                                                                    • *drink*

10 그 서류를 복사하는 것은/ 비밀이에요.

           _____ / is a secret.

❖ to부정사가 주어로 쓰여서 주어가 길어졌을 때는 주로 be동사가 사용된다.

다음 페이지에서 정답을 확인하세요.

> ### to부정사를 주어로 쓴 부분에 전치사구를 사용하여 더 확장하기

더 확장된 다음 문장을 영어로 써 보세요.

1 가난한 사람들을 위해서 이것을 하는 것은/ 의미 있어요.

To do this _____ / is meaningful.

• *hospital*

• *minute*

• *country*

• *in*

• *this*

• *from*

• *people*

• *for*

2 병원에서 다른 자원봉사자들을 돕는 것은/ 가치가 있어요.

To help other volunteers _____

/ is valuable. _____

❖ 병원과 같은 공공 건물에는 the를 붙인다.

3 다른 나라로부터 여행자들을 끌어들이는 것은/ 중요해요.

To attract tourists _____

/ is important. _____

4 20분 안에 그것을 끝내는 것은/ 어려워요.

To finish it _____ / is difficult.

5 이것에 대해선 그의 허락을 받는 것이/ 필요해요.

To receive his permission _____

/ is necessary. _____

6 식사와 함께 알코올 음료를 마시는 것은/ 위험해요.

To drink alcohol beverages

_____

/ is dangerous.

_____

7 여기서부터는 신발을 신는 것이/ 안전해요.

To wear shoes   / is safe.

_____

8 깜깜한 데서 그 끈을 묶는 것은/ 쉬워요.

To fasten the string   / is easy.

_____

9 영어로 한국말을 번역하는 것은/ 흥미로워요.

To translate Korean   / is interesting.

_____

10 회의 동안에 그 서류를 복사하는 것은/ 비밀이에요.

To copy the document

_____

/ is a secret.

_____

- English
- here
- meal
- meeting
- into
- from
- in
- dark
- with
- during

다음 페이지에서 정답을 확인하세요.

문장 **더** x2 확장하기

'for + 명사'를 문장 뒤에 써서 전체 문장의 의미상
주어가 무엇인지 알려주기

더 확장된 다음 문장을 영어
로 써 보세요.

1 가난한 사람들을 위해서 이것을 하는 것은 이 지역사회에 의미가 있어요.

To do this for poor people is meaningful/

_____ .

2 병원에서 다른 자원봉사자들을 돕는 것은 우리에게 가치가 있어요.

To help other volunteers in the hospital is valuable/

_____ .

3 다른 나라로부터 여행자들을 끌어들이는 것은 그들에게 중요해요.

To attract tourists from other countries is important/

_____ .

4 20분 안에 그것을 끝내는 것은 저에게 어려워요.

To finish it in 20 minutes is difficult/

_____ .

5 이것에 대해선 그의 허락을 받는 것이 당신한테 필요해요.

To receive his permission for this is necessary/

_____ .

6 식사와 함께 알코올 음료를 마시는 것은 모두에게 위험해요.

To drink alcohol beverages with meals is dangerous/ .

___

7 여기서부터는 신발을 신는 것이 당신에게 안전해요.

To wear shoes from here is safe/ .

___

8 깜깜한 데서 그 끈을 묶는 것은 저한테 쉬워요.

To fasten the string in the dark is easy/ .

___

9 영어로 한국말을 번역하는 것은 우리에게 흥미로워요.

To translate Korean into English is interesting/ .

___

10 회의 동안에 그 서류를 복사하는 것은 당신하고 저에게 비밀이에요.

To copy the document during the meeting is a secret/ .

___

📖
〈완성 문장 확인하기〉에서 정답을 확인하세요.

(문장 통으로.) 쓰기　　　

1　가난한 사람들을 위해서 이것을 하는 것은 이 지역사회에 의미가 있어요.

2　병원에서 다른 자원봉사자들을 돕는 것은 우리에게 가치가 있어요.

3　다른 나라로부터 여행자들을 끌어들이는 것은 그들에게 중요해요.

4　20분 안에 그것을 끝내는 것은 저에게 어려워요.

5　이것에 대해선 그의 허락을 받는 것이 당신한테 필요해요.

6 식사와 함께 알코올 음료를 마시는 것은 모두에게 위험해요.

7 여기서부터는 신발을 신는 것이 당신에게 안전해요.

8 깜깜한 데서 그 끈을 묶는 것은 저한테 쉬워요.

9 영어로 한국말을 번역하는 것은 우리에게 흥미로워요.

10 회의 동안에 그 서류를 복사하는 것은 당신하고 저에게 비밀이에요.

📖 다음 페이지에서 정답을 확인하세요.

Check it out
완성 문장 확인하기

완성 문장을 확인하고 여러 번 쓰고 읽어 보세요. MP3 32-03

1 가난한 사람들을 위해서 이것을 하는 것은 이 지역사회에 의미가 있어요

To do this for poor people is meaningful for this community.

확장·························· 더 확장························· 확장······················ 더x2 확장······························

2 병원에서 다른 자원봉사자들을 돕는 것은 우리에게 가치가 있어요.

To help other volunteers in the hospital is valuable for us.

확장··························· 더 확장······················· 확장················· 더x2 확장······

3 다른 나라로부터 여행자들을 끌어들이는 것은 그들에게 중요해요.

To attract tourists from other countries is important

확장·················· 더 확장···················· 확장·····················

for them.

더x2 확장··············

4 20분 안에 그것을 끝내는 것은 저에게 어려워요.

To finish it in 20 minutes is difficult for me.

확장··················· 더 확장··················· 확장················ 더x2 확장········

5 이것에 대해선 그의 허락을 받는 것이 당신한테 필요해요.

To receive his permission for this is necessary for you.

확장···················· 더 확장························· 확장···················· 더x2 확장········

6 식사와 함께 알코올 음료를 마시는 것은 모두에게 위험해요.

To drink alcohol beverages with meals is dangerous

확장·· 더 확장························ 확장·······························

for everyone.

더×2 확장·····························

7 여기서부터는 신발을 신는 것이 당신에게 안전해요.

To wear shoes from here is safe for you.

확장······························· 더 확장······················ 확장················· 더×2 확장·········

8 깜깜한 데서 그 끈을 묶는 것은 저한테 쉬워요.

To fasten the string in the dark is easy for me.

확장··································· 더 확장························· 확장················ 더×2 확장········

9 영어로 한국말을 번역하는 것은 우리에게 흥미로워요.

To translate Korean into English is interesting for us.

확장··· 더 확장······························· 확장····························· 더×2 확장······

10 회의 동안에 그 서류를 복사하는 것은 당신하고 저에게 비밀이에요.

To copy the document during the meeting is a secret

확장··· 더 확장··· 확장·······························

for you and me.

더×2 확장·····································

33

동명사 -ing: 주격, 목적격

동명사 동사원형에 -ing를 붙여서 만든다. 문장의 주어나 목적어로 사용할 수 있다.

목적격 동명사 동명사를 문장 안에서 목적어로 사용한 것이다. 주로 '~하는 것을'로 해석된다.

Ex. I enjoy **traveling** Southeast Asian countries.

저는 동남아시아를 **여행하는 것을** 즐겨요.

주격 동명사 동명사를 문장 안에서 주어로 사용한 것이다. 주로 '~하는 것은, ~하는 것이'로 해석된다.

Ex. **Traveling** Southeast Asian countries is fun.

동남아시아를 **여행하는 것은** 재미있어요.

시작 시간 _____년 _____월 _____일 _____시 _____분

마친 시간 _____년 _____월 _____일 _____시 _____분   총 연습 시간 _____분

어구 시작하기

다음 어구를 영어로 써 보세요.

> 동사원형에 -ing를 붙여서 동명사
> 만들기 → 동사원형 + -ing(~하는 것)

여행하다 ▸ *travel*

여행하는 것 ▸

넘겨주다 ▸ *transfer*

넘겨주는 것 ▸

속이다 ▸ *cheat*

속이는 것 ▸

보존하다 ▸ *preserve*

보존하는 것 ▸

합의 보다 ▸ *settle*

합의 보는 것 ▸

방문하다 ▸ *visit*

방문하는 것 ▸

📖 다음 페이지에서 정답을 확인하세요.

Check it out
완성 어구 확인하기

완성 어구를 확인하고 여러 번 쓰고 읽어 보세요. MP3 33-01

여행하다 ‣	travel
여행하는 것	travel**ing**
넘겨주다 ‣	transfer
넘겨주는 것	transfer**ring**
속이다 ‣	cheat
속이는 것	cheat**ing**
보존하다 ‣	preserve
보존하는 것	preserv**ing**
합의 보다 ‣	settle
합의 보는 것	settl**ing**
방문하다 ‣	visit
방문하는 것	visit**ing**

(문장.) 시작하기

오른쪽에 주어진 단어를 참고로
다음 문장을 영어로 써 보세요.

1 저는 즐겨요.

(⟩

2 그 CEO는 고려했어요.

(⟩

3 그 혐의자는 부인해요.

(⟩

4 많은 사람들이 옹호해요.

(⟩

5 그 둘이 연기했어요.

(⟩

6 그 가이드가 제안했어요.

(⟩

- *suspect*
- *guide*
- *postpone*
- *advocate*
- *suggest*
- *consider*
- *deny*
- *enjoy*

다음 페이지에서 정답을 확인하세요.

문장 **확장**하기 ------------▶

EXPAND WRITING

| 동명사를 목적어로 쓰기 → 동사 + 동명사(~하는 것) | 확장된 다음 문장을 영어로 써 보세요. |

1 저는 여행하는 것을 즐겨요.

I enjoy _____.

2 그 CEO는 넘겨주는 것을 고려했어요.

The CEO considered _____.

3 그 혐의자는 속인 것을 부인해요.

The suspect denies _____.

4 많은 사람들이 보존하는 것을 옹호해요.

Many people advocate _____.

5 그 둘이 합의 보는 것을 연기했어요.

The two postponed _____.

6 그 가이드가 방문할 것을 제안했어요.

The guide suggested _____.

- *transfer*
- *visit*
- *preserve*
- *cheat*
- *settle*
- *travel*

다음 페이지에서 정답을 확인하세요.

문장 **더** 확장하기 EXPAND WRITING +

동명사 뒤에 내용 더 추가하기
→ 동명사 + 명사 목적어

더 확장된 다음 문장을 영어로 써 보세요.

1 저는 동남아시아를 여행하는 것을 즐겨요.

I enjoy traveling   .

_____

2 그 CEO는 자신의 자리를 넘겨주는 것을 고려했어요.

The CEO considered transferring   .

_____

3 그 혐의자는 그들을 속인 것을 부인해요.

The suspect denies cheating   .

_____

4 많은 사람들이 그 역사적인 장소를 보존하는 것을 옹호해요.

Many people advocate preserving   .

_____

5 그 둘이 그 사건을 합의 보는 것을 연기했어요.

The two postponed settling   .

_____

6 그 가이드가 그 사원을 방문할 것을 제안했어요.

The guide suggested visiting   .

_____

📖
〈완성 문장 확인하기〉에서 정답을 확인하세요.

(문장 통으로.) 쓰기

이번에는 전체 문장을 통으로 써 보세요.

1 저는 동남아시아를 여행하는 것을 즐겨요.

2 그 CEO는 자신의 자리를 넘겨주는 것을 고려했어요.

3 그 혐의자는 그들을 속인 것을 부인해요.

4 많은 사람들이 그 역사적인 장소를 보존하는 것을 옹호해요.

5 그 둘이 그 사건을 합의 보는 것을 연기했어요.

6 그 가이드가 그 사원을 방문할 것을 제안했어요.

📖 다음 페이지에서 정답을 확인하세요.

1 저는 동남아시아를 여행하는 것을 즐겨요.

I enjoy **traveling** Southeast Asian countries.

시작·············· 확장··············· 더 확장···

2 그 CEO는 자신의 자리를 넘겨주는 것을 고려했어요.

The CEO considered **transferring** his position.

시작······································· 확장············· 더 확장····················

3 그 혐의자는 그들을 속인 것을 부인해요.

The suspect denies **cheating** them.

시작·································· 확장··············· 더 확장·······

4 많은 사람들이 그 역사적인 장소를 보존하는 것을 옹호해요.

Many people advocate **preserving** the historical site.

시작··································· 확장···················· 더 확장·····················

5 그 둘이 그 사건을 합의 보는 것을 연기했어요.

The two postponed **settling** the case.

시작····························· 확장············· 더 확장··········

6 그 가이드가 그 사원을 방문할 것을 제안했어요.

The guide suggested **visiting** the temple.

시작····························· 확장············ 더 확장···············

문장 응용하기 ————————● APPLY IT

동명사를 주어로 쓰기

변형된 다음 문장을 영어로 써 보세요.

1 동남아시아를 여행하는 것은/ 흥미로워요.

_____ / is interesting.

동남아시아를 여행하는 것은/ 새로운 경험을 줘요.

_____ / gives new experiences.

2 그 자리를 넘겨주는 것은/ 중요해요.

_____ / is important.

그 자리를 넘겨주는 것은/ 시간이 필요해요.

_____ / needs time.

3 그들을 속이는 것은/ 쉬웠어요.

_____ / was easy.

그들을 속인 것이/ 문제를 일으켰어요.

_____ / caused trouble.

4 그 역사적인 장소를 보존하는 것은/ 가치가 있어요.

_____ / is valuable.

그 역사적인 장소를 보존하는 것이/ 관심을 받아요.

_____ / receives attention.

5 그 사건을 합의 보는 것은/ 저의 일이었어요.

_____ / was my job.

그 사건을 합의 보는 것이/ 우리의 회의를 연기하게 했어요.

_____ / postponed our meeting.

6 그 사원을 방문하는 것은/ 비밀이었어요.

_____ / was a secret.

그 사원을 방문하는 것이/ 관광객들을 끌어들였어요.

_____ / attracted tourists.

❖ 이처럼 주어가 길 때는 일반적으로 be동사를 사용하는 빈도수가 높다. 하지만 내용에 따라 be동사를 사용할지 일반동사를 사용할지 결정하면 된다.

📖
〈완성 문장 확인하기〉에서 정답을 확인하세요.

(문장 통으로.) 쓰기 **WRITE** IT OUT

이번에는 전체 문장을 통으로 써 보세요.

1   동남아시아를 여행하는 것은/ 흥미로워요.

동남아시아를 여행하는 것은/ 새로운 경험을 주어요.

2   그 자리를 넘겨주는 것은/ 중요해요.

그 자리를 넘겨주는 것은/ 시간이 필요해요.

3   그들을 속이는 것은/ 쉬웠어요.

그들을 속인 것이/ 문제를 일으켰어요.

4   그 역사적인 장소를 보존하는 것은/ 가치가 있어요.

그 역사적인 장소를 보존하는 것이/ 관심을 받아요.

5   그 사건을 합의 보는 것은/ 저의 일이었어요.

그 사건을 합의 보는 것이/ 우리의 회의를 연기하게 했어요.

6   그 사원을 방문하는 것은/ 비밀이었어요.

그 사원을 방문하는 것이/ 관광객들을 끌어들였어요.

📖 다음 페이지에서 정답을 확인하세요.

완성 문장을 확인하고 여러 번 쓰고 읽어 보세요. MP3 33-03

1 동남아시아를 여행하는 것은/ 흥미로워요.

Traveling Southeast Asian countries/ is interesting.

동남아시아를 여행하는 것은/ 새로운 경험을 주어요.

Traveling Southeast Asian countries/ gives new experiences.

2 그 자리를 넘겨주는 것은/ 중요해요.

Transferring the position/ is important.

그 자리를 넘겨주는 것은/ 시간이 필요해요.

Transferring the position/ needs time.

3 그들을 속이는 것은/ 쉬웠어요.

Cheating them/ was easy.

그들을 속인 것이/ 문제를 일으켰어요.

Cheating them/ caused trouble.

4 그 역사적인 장소를 보존하는 것은/ 가치가 있어요.

Preserving the historical site/ is valuable.

그 역사적인 장소를 보존하는 것이/ 관심을 받아요.

Preserving the historical site/ receives attention.

5 그 사건을 합의 보는 것은/ 저의 일이었어요.

Settling the case/ was my job.

그 사건을 합의 보는 것이/ 우리의 회의를 연기하게 했여요.

Settling the case/ postponed our meeting.

6 그 사원을 방문하는 것은/ 비밀이었어요.

Visiting the temple/ was a secret.

그 사원을 방문하는 것이/ 관광객들을 끌어들였어요.

Visiting the temple/ attracted tourists.

DAY 34

to부정사, in order to, 전치사 to를 한 문장에 쓰기

`to + to + to` to부정사(~하는 것)와 in order to(~하기 위하여),
전치사 to(~에)를 모두 한 문장에 쓸 수 있다.

`in order to` '~하기 위하여'의 뜻으로 주로 문장(주어 + 동사) 뒤에 쓰인다.
to부정사의 부사적 용법이다.

Ex. He tried **to** guide us **to** the right way **in order to** help us.

그는 우리를 돕기 **위해서** 우리를 옳은 길**로** 인도**하려고** 노력했어요.

시작 시간 _____ 년 _____ 월 _____ 일 _____ 시 _____ 분

마친 시간 _____ 년 _____ 월 _____ 일 _____ 시 _____ 분   총 연습 시간 _____ 분

어구 시작하기

오른쪽에 주어진 단어를 참고로 다음 어구를
영어로 써 보세요.

to부정사(~하는 것), 전치사 to(~에)
+ 명사, to부정사(~하기 위해) 표현하기

인도하는 것 ▸

옳은 길로 ▸

돕기 위해서 ▸

말해 주는 것 ▸

그에게 ▸

멈추기 위해서 ▸

가는 것 ▸

공원으로 ▸

산책하기 위해서 ▸

- *take a walk*
- *guide*
- *way*
- *help*
- *park*
- *right*
- *stop*

오는 것 ▸   • *cheat*

나의 집으로 ▸   • *join*

합류하기 위해서 ▸   • *another*

                                        • *change*

변경하는 것 ▸

다른 하나로 ▸

속이기 위해서 ▸

다음 페이지에서 정답을 확인하세요.

Check it out
완성 어구 확인하기

완성 어구를 확인하고 여러 번 쓰고 읽어 보세요. MP3 34-01

인도하는 것 ▸ **to** guide		오는 것 ▸ **to** come	
옳은 길로 ▸ **to** the right way		나의 집으로 ▸ **to** my house	
돕기 위해서 ▸ **to** help		합류하기 위해서 ▸ **to** join	
말해 주는 것 ▸ **to** tell		변경하는 것 ▸ **to** change	
그에게 ▸ **to** him		다른 하나로 ▸ **to** another one	
멈추기 위해서 ▸ **to** stop		속이기 위해서 ▸ **to** cheat	
가는 것 ▸ **to** go			
공원으로 ▸ **to** the park			
산책하기 위해서 ▸ **to** take a walk			

(문장.) 시작하기

'주어 + 동사' 또는 '주어 + 동사 + 목적어'로 기본 문장 만들기

오른쪽에 주어진 단어를 참고로 다음 문장을 영어로 써 보세요.

1 그는 노력했어요.

   (   )

2 제 친구와 저는 결심했어요.

   (   )

3 그녀는 좋아했어요.

   (   )

4 그는 원해요.

   (   )

5 Bob은 ~처럼 행동했어요.

   (   )

- *want*
- *pretend*
- *like*
- *decide*
- *try*

다음 페이지에서 정답을 확인하세요.

문장 확장하기 -------▶

동사의 목적어로 *to*부정사 쓰기
→ 동사 + *to*부정사

확장된 다음 문장을 영어로 써 보세요.

1 그는 우리를 인도하려고 노력했어요.

He tried _____ .

2 제 친구와 저는 사실을 말해 줄 것을 결심했어요.

My friend and I decided _____ .

3 그녀는 가는 것을 좋아했어요.

She liked _____ .

4 그는 오기를 원해요.

He wants _____ .

5 Bob은 그것을 변경하는 것처럼 행동했어요.

Bob pretended _____ .

- *guide*
- *change*
- *tell*
- *come*
- *go*
- *truth*

다음 페이지에서 정답을 확인하세요.

문장 더 확장하기 EXPAND WRITING+

더 확장된 다음 문장을 영어로 써 보세요.

전치사 추가해서 문장 확장하기
→ 동사 + to부정사 + 전치사 to

1 그는 우리를 옳은 길로 인도하려고 노력했어요.

He tried to guide us   .

❖ 명사 앞의 the는 '강조'의 효과를 가진다.

2 제 친구와 저는 그에게 사실을 말해 줄 것을 결심했어요.

My friend and I decided to tell the truth   .

3 그녀는 공원에 가는 것을 좋아했어요.

She liked to go   .

4 그는 저의 집에 오기를 원해요.

He wants to come   .

5 Bob은 그것을 다른 것으로 변경하는 것처럼 행동했어요.

Bob pretended to change it   .

다음 페이지에서 정답을 확인하세요.

문장 **더**x2 확장하기

> '~하기 위하여'의 'to ~'를 문장 뒤에 쓰기
> → 절[문장] + to부정사

더 확장된 다음 문장을 영어
로 써 보세요.

1 그는 우리를 돕기 위해서 우리를 옳은 길로 인도하려고 노력했어요.

He tried to guide us to the right way   .

2 제 친구와 저는 오해를 막기 위해서 그에게 사실을 말해 줄 것을 결심했어요.

My friend and I decided to tell the truth to him   .

3 그녀는 산책하기 위해서 공원에 가는 것을 좋아했어요.

She liked to go to the park   .

4 그는 생일 파티에 합류하기 위해서 저의 집에 오기를 원해요.

He wants to come to my house   .

5 Bob은 우리를 속이려고 그것을 다른 것으로 변경하는 것처럼 행동했어요.

Bob pretended to change it to another one   .

〈완성 문장 확인하기〉에서 정답을 확인하세요.

〔 문장 통으로. 〕 쓰기

이번에는 전체 문장을 통으로 써 보세요.

1 그는 우리를 돕기 위해서 우리를 옳은 길로 인도하려고 노력했어요.

2 제 친구와 저는 오해를 막기 위해서 그에게 사실을 말해 줄 것을 결심했어요.

3 그녀는 산책하기 위해서 공원에 가는 것을 좋아했어요.

4 그는 생일 파티에 합류하기 위해서 저의 집에 오기를 원해요.

5 Bob은 우리를 속이려고 그것을 다른 것으로 변경하는 것처럼 행동했어요.

📖 다음 페이지에서 정답을 확인하세요.

Check it out
완성 문장 확인하기

완성 문장을 확인하고 여러 번 쓰고 읽어 보세요. MP3 34-02

1 그는 우리를 돕기 위해서 우리를 옳은 길로 인도하려고 노력했어요.

He tried to guide us to the right way to help us.

시작······················ 확장······························· 더 확장·· 더x2 확장·····················

2 제 친구와 저는 오해를 막기 위해서 그에게 사실을 말해 줄 것을 결심했어요.

My friend and I decided to tell the truth to him to stop

시작··· 확장······························ 더 확장··········· 더x2 확장·········

misunderstanding.

··

3 그녀는 산책하기 위해서 공원에 가는 것을 좋아했어요.

She liked to go to the park to take a walk.

시작··························· 확장·········· 더 확장························· 더x2 확장····································

4 그는 생일 파티에 합류하기 위해서 저의 집에 오기를 원해요.

He wants to come to my house to join the birthday party.

시작··························· 확장················ 더 확장····························· 더x2 확장·································

5 Bob은 우리를 속이려고 그것을 다른 것으로 변경하는 것처럼 행동했어요.

Bob pretended to change it to another one to cheat us.

시작······································ 확장····························· 더 확장····························· 더x2 확장··············

E- **MAIL** WRITING 1

—— **DAY** 31~34 총정리 ——

요구하는 이메일

총정리 순서

STEP 1 기본 구조의 문장으로 구성된 우리말 이메일을 보고 영어로 써 보기

STEP 2 구조가 확장된 우리말 이메일을 보고 영어로 써 보기

STEP 3 구조가 더 확장된 우리말 이메일을 보고 영어로 써 보기

STEP 4 구조가 더^{x2} 확장된 우리말 이메일을 보고 영어로 써 보기

STEP 5 구조가 더^{x3} 확장된 우리말 이메일을 보고 영어로 써 보기

처음부터 끝까지 영어로 쓰는 것이 어렵다면 확장된 부분을 채워 넣어 문장을 완성해 보는

Complete the E-MAIL을 먼저 한 후 Write it RIGHT에 도전해 보세요!

SCHEDULE

E-MAIL Writing은 한 주의 학습을 총정리하는 순서라서 하루 만에 모두 소화하기에 벅찬 분량인데요, 다 하지 못한 부분은 assignment로 하거나 시간 날 때마다 짬짬이 도전해 보세요! 아래 훈련기록란도 넉넉히 마련해두었습니다.

1차 훈 련 기 록

시작 시간 _____년 _____월 _____일 _____시 _____분

마친 시간 _____년 _____월 _____일 _____시 _____분

총 연습 시간 _____. 분

2차 훈 련 기 록

시작 시간 _____년 _____월 _____일 _____시 _____분

마친 시간 _____년 _____월 _____일 _____시 _____분

총 연습 시간 _____분

3차 훈 련 기 록

시작 시간 _____년 _____월 _____일 _____시 _____분

마친 시간 _____년 _____월 _____일 _____시 _____분

총 연습 시간 _____분

(이메일.) 시작하기

다음 이메일을 읽고 이메일 라이팅에 도전해 보세요.

관계자분께,

저는 당신의 상품을 봤습니다. 제 친구가 그쪽을 추천해 주었기 때문입니다. 저
는 그 디자인들이 좋습니다. (상품) 목록이 많은 종류들을 보여주고 있습니다.

저는 두 개를 결정했습니다. 저는 첫 번째 것과 두 번째 것이 필요합니다.

저는 또한 가격들도 원합니다. 저는 그것들을 목요일에 사용할 예정입니다. 그
래서 그 전에 그것들이 필요합니다. 그것들을 보내줄 수 있겠습니까?

빠른 답변 주시면 감사하겠습니다.

David 배상

Complete
the E-MAIL

이메일을 영어로 옮길 때 빈칸에 들어갈 알맞은 말을 써 보세요

To whom it may concern,

I saw your product. My friend _____ you. I like the

designs. The list _____ many types. I decided two. I

need _____ .

I also want the prices. I will use them on Thursday. So, I _____

before that. Can you send them?

I _____ your quick response.

Sincerely,

David

Write in English

아래 힌트 어휘를 참고하면서 해석을 보고 이메일 라이팅을 해 보세요.

_____

_____

_____

_____

_____

_____

_____

_____

_____

_____

_____

_____

_____

_____

저는 당신의 상품을 봤습니다. 제 친구가 그쪽을 추천해 주었기 때문입니다. 저는 그 디자인들이 좋습니다. (상품) 목록이 많은 종류들을 보여주고 있습니다. 저는 두 개를 결정했습니다. 저는 첫 번째 것과 두 번째 것이 필요합니다.

저는 또한 가격들도 원합니다. 저는 그것들을 목요일에 사용할 예정입니다. 그래서 그 전에 그것들이 필요합니다. 그것들을 보내줄 수 있겠습니까?

빠른 답변 주시면 감사하겠습니다.

●saw 봤습니다 ●product 상품 ●suggested 추천해 주었습니다 ●like 마음에 듭니다 ●designs 디자인들이 ●list (상품) 목록
●shows 보여주고 있습니다 ●types 종류들 ●decided 결정했습니다 ●need 필요합니다 ●one (물건) ~것 ●also ~도 또한
●prices 가격들 ●will use 사용할 예정입니다 ●Thursday 목요일 ●So, 그래서 ●before ~전에 ●Can you ~? ~할 수 있겠습니까?
●send 보내다 ●appreciate 감사를 드립니다 ●quick 빠른 ●response 답변

완성된 이메일을 보고 올바로 써 본 후, 네이티브 스피커의 음성을 잘 듣고 큰 소리로 따라 읽어 보세요.

To whom it may concern,

I saw your product. My friend suggested you. I like the designs.

The list shows many types. I decided two. I need the first and

second one.

I also want the prices. I will use them on Thursday. So, I need them

before that. Can you send them?

I appreciate your quick response.

Sincerely,

David

Grammar Focus STEP 2 — '전치사 + 명사'의 사용 (형용사적 용법, 부사적 용법)   **EXPAND** WRITING

이메일 **확장**하기

확장된 구조의 다음 이메일을 읽고 이메일 라이팅에 도전해 보세요.

관계자분께,

저는 당신의 상품을 **인터넷에서** 봤습니다. 제 친구가 **저에게** 그쪽을 추천해 주었기 때문입니다. 저는 **당신의 카탈로그에 있는** 그 디자인들이 좋습니다. (상품) 목록이 **당신 제품의** 많은 종류들을 보여주고 있습니다. 저는 **목록에서** 두 개를 결정했습니다. 저는 **그것들 가운데** 첫 번째 것과 두 번째 것이 필요합니다.

저는 또한 **당신 제품의** 가격들도 원합니다. 저는 그것들을 목요일에 **모임에서** 사용할 예정입니다. 그래서 그 전에 그것들이 필요합니다. 그것들을 **저에게 수요일까지 가격표와 함께** 보내줄 수 있겠습니까?

이 일에 대해 빠른 답변 주시면 감사하겠습니다.

David 배상

Complete
the E-MAIL

이메일을 영어로 옮길 때 빈칸에 들어갈 알맞은 말을 써 보세요.

To whom it may concern,

I saw your product _____. My friend suggested you

_____. I like the designs _____.

The list shows types _____. I decided two

_____. I need the first and second one

_____.

I also want the prices _____. I will use them on Thursday

_____. So, I need them before that. Can you send them

_____?

I appreciate your quick response _____.

Sincerely,

David

Write in English

아래 힌트 어휘를 참고하면서 해석을 보고 이메일 라이팅을 해 보세요.

저는 당신의 상품을 인터넷에서 봤습니다. 제 친구가 저에게 그쪽을 추천해 주었기 때문입니다. 저는 당신의 카탈로그에 있는 그 디자인들이 좋습니다. (상품) 목록이 당신 제품의 많은 종류들을 보여주고 있습니다. 저는 목록에서 두 개를 결정했습니다. 저는 그것들 가운데 첫 번째 것과 두 번째 것이 필요합니다.

저는 또한 당신 제품의 가격들도 원합니다. 저는 그것들을 목요일에 모임에서 사용할 예정입니다. 그래서 그 전에 그것들이 필요합니다. 그것들을 저에게 수요일까지 가격표와 함께 보내줄 수 있겠습니까?

이 일에 대해 빠른 답변 주시면 감사하겠습니다.

● product 상품 ● on ~에서 ● Internet 인터넷 ● suggested 추천해 주었습니다 ● to me 저에게 ● in ~ 안에 있는
● catalog 카탈로그 ● types 종류들 ● of ~의 ● decided 결정했습니다 ● list (상품) 목록 ● need 필요합니다 ● among ~ 가운데
● them 그것들, 그들 ● also 또한 ● prices of ~의 가격들 ● use 사용하다 ● at the meeting 모임에서 ● before ~ 전에
● Can you ~? ~할 수 있겠습니까? ● by ~까지 ● Wednesday 수요일 ● with ~와 함께 ● price list 가격표 ● appreciate 감사를 드립니다
● on ~에 대한 ● this 이것 ● matter 일, 사안

To whom it may concern,

I saw your product **on the Internet**. My friend suggested you **to me**. I like the designs **in your catalog**. The list shows types **of your products**. I decided two **on the list**. I need the first and second one **among them**. I also want the prices **of your product**. I will use them on Thursday **at the meeting**. So, I need them before that. Can you send them **to me by Wednesday with the price list**?

I appreciate your quick response **on this matter**.

Sincerely,

David

이메일 더 확장하기

확장된 구조의 다음 이메일을 읽고 이메일 라이팅에 도전해 보세요.

관계자분께,

저는 당신의 상품을 인터넷에서 봤습니다. 제 친구가 저에게 그쪽을 추천해 주었기 때문입니다. 저는 당신의 카탈로그에 있는 그 디자인들을 **보는 것이** 좋습니다. (상품) 목록이 당신 제품의 많은 종류들을 보여주고 있습니다. 저는 목록에서 두 개를 **주문할 것을** 결정했습니다. 저는 그것들 가운데 첫 번째 것과 두번째 것을 **가질** 필요가 있습니다.

저는 또한 당신 제품의 가격들도 **요청하기를** 원합니다. 저는 그것들을 목요일에 모임에서 사용할 예정입니다. 그래서 그 전에 그것들을 **받을** 필요가 있습니다.

그것들을 저에게 수요일까지 가격표와 함께 보내줄 수 있겠습니까?

이 일에 대해 빠른 답변 주시면 감사하겠습니다.

David 배상

Complete
the E-MAIL

이메일을 영어로 옮길 때 빈칸에 들어갈 알맞은 말을 써 보세요.

To whom it may concern,

I saw your product on the Internet. My friend suggested you to me. I like

_____ the designs in your catalog. The list shows many types

of your products. I decided _____ two on the list. I need

_____ the first and second one among them.

I also want _____ the prices of your product. I will use them on

Thursday at the meeting. So, I need _____ them before that.

Can you send them to me by Wednesday with the price list?

I appreciate your quick response on this matter.

Sincerely,

David

Write in English

아래 힌트 어휘를 참고하면서 해석을 보고 이메일 라이팅을 해 보세요.

_____

_____

_____

_____

_____

_____

_____

_____

_____

_____

_____

_____

_____

_____

저는 당신의 상품을 인터넷에서 봤습니다. 제 친구가 저에게 그쪽을 추천해 주었기 때문입니다. 저는 당신의 카탈로그에 있는 디자인들을 보는 것이 좋습니다. (상품) 목록이 당신 제품의 많은 종류들을 보여 주고 있습니다. 저는 목록에서 두 개를 주문할 것을 결정했습니다. 저는 그것들 가운데 첫 번째 것과 두 번째 것을 가질 필요가 있습니다.

저는 또한 당신 제품의 가격들도 요청하기를 원합니다. 저는 그것들을 목요일에 모임에서 사용할 예정입니다. 그래서 그 전에 그것들을 받을 필요가 있습니다. 그것들을 저에게 수요일까지 가격표와 함께 보내줄 수 있겠습니까?

이 일에 대해 빠른 답변 주시면 감사하겠습니다.

●saw 봤습니다 ●on ~에서 ●suggested 추천해 주었습니다 ●like 좋습니다 ●to look at ~을 보는 것 ●many types of ~의 많은 종류들 ●decided 결정했습니다 ●to order 주문할 것 ●need to have 가질 필요가 있습니다 ●among ~ 가운데 ●them 그것들 ●want 원합니다 ●to request 요청할 것 ●will use 사용할 예정입니다 ●to receive 받는 것 ●to ~ by ... with ~에게 …까지 ~와 함께 ●response 답변 ●on ~에 대한

Write it RIGHT

완성된 이메일을 보고 올바로 써 본 후, 네이티브 스피커의 음성을 잘 듣고 큰 소리로 따라 읽어 보세요.

WORD COUNT
105
35-03

To whom it may concern,

I saw your product on the Internet. My friend suggested you to me. I like **to look at** the designs in your catalog. The list shows many types of your products. I decided **to order** two on the list. I need **to have** the first and second one among them.

I also want **to request** the prices of your product. I will use them on Thursday at the meeting. So, I need **to receive** them before that. Can you send them to me by Wednesday with the price list?

I appreciate your quick response on this matter.

Sincerely,

David

이메일 더x2 확장하기

더 확장된 구조의 다음 이메일을 읽고 이메일 라이팅에 도전해 보세요.

관계자분께,

저는 당신의 상품을 인터넷에서 봤습니다. 제 친구가 저에게 그쪽을 추천해 주었기 때문입니다. 당신의 카탈로그에 있는 그 디자인들을 보는 것이 흥미롭습니다. (상품) 목록이 당신 제품의 많은 종류들을 보여주고 있습니다. 목록에서 두 개를 주문하는 것이 첫 번째 할 일입니다. 저는 그것들 가운데 첫 번째 것과 두 번째 것을 가질 필요가 있습니다.

저는 또한 당신 제품의 가격들도 요청하기를 원합니다. 저는 그것들을 목요일에 모임에서 사용할 예정입니다. 그래서 그 전에 그것들을 받는 것이 저에게 매우 중요합니다. 그것들을 저에게 수요일까지 가격표와 함께 보내줄 수 있겠습니까? 이 일에 대해 빠른 답변 주시면 감사하겠습니다.

David 배상

Complete
the E-MAIL

이메일을 영어로 옮길 때 빈칸에 들어갈 알맞은 말을 써 보세요.

To whom it may concern,

I saw your product on the Internet. My friend suggested you to me.

_____ at the designs in your catalog _____ .

The list shows different types of your products. _____ two on

the list _____ . I need to have the first and second one

among them.

I also want to request the prices of your product. I will use them on

Thursday at the meeting. So, _____ them before that

_____ . Can you send them to me by Wednesday

with the price list?

I appreciate your quick response on this matter.

Sincerely,

David

Write in English

아래 힌트 어휘를 참고하면서 해석을 보고 이메일 라이팅을 해 보세요.

저는 당신의 상품을 인터넷에서 봤습니다. 제 친구가 저에게 그쪽을 추천해 주었기 때문입니다. 당신의 카탈로그에 있는 디자인들을 보는 것이 흥미롭습니다. (상품) 목록이 당신 제품의 많은 종류들을 보여주고 있습니다. 목록에서 두 개를 주문하는 것이 첫 번째 할 일입니다. 저는 그것들 가운데 첫 번째 것과 두 번째 것을 가질 필요가 있습니다.

저는 또한 당신 제품의 가격들도 요청하기를 원합니다. 저는 그것들을 목요일에 모임에서 사용할 예정입니다. 그래서 그 전에 그것들을 받는 것이 저에게 매우 중요합니다. 그것들을 저에게 수요일까지 가격표와 함께 보내줄 수 있겠습니까?

이 일에 대해 빠른 답변 주시면 감사하겠습니다.

• To look(=Looking) at 보는 것 • is interesting 흥미롭습니다 • To order(=Ordering) 주문하는 것 • the first thing to do 첫 번째 할 일
• to receive(=Receiving) 받는 것 • is very important 매우 중요합니다 • for me 저에게

Write it RIGHT

완성된 이메일을 보고 올바로 써 본 후, 네이티브 스피커의 음성을 잘 듣고 큰 소리로 따라 읽어 보세요.

WORD COUNT
115

35-04

To whom it may concern,

I saw your product on the Internet. My friend suggested you to me. **To look(=Looking)** at the designs in your catalog **is interesting**. The list shows different types of your products. **To order(=Ordering)** two on the list **is the first thing to do**. I need to have the first and second one among them.

I also want to request the prices of your product. I will use them on Thursday at the meeting. So, **to receive(=Receiving)** them before that **is very important for me**. Can you send them to me by Wednesday with the price list?

I appreciate your quick response on this matter.

Sincerely,

David

Grammar Focus STEP 5

가주어 It 쓰기 (It ~ to + 동사원형 ~)

EXPAND WRITING +++

이메일 더×3 확장하기

더 확장된 구조의 다음 이메일을 읽고 이메일 라이팅에 도전해 보세요.

관계자분께,

저는 당신의 상품을 인터넷에서 봤습니다. 제 친구가 저에게 그쪽을 추천해 주었기 때문입니다. (가주어 It 사용) 흥미로운 것은 당신의 카탈로그에 있는 그 디자인들을 보는 것입니다. (상품) 목록이 당신 제품의 많은 종류들을 보여주고 있습니다. (가주어 It 사용) 첫 번째 할 일은 목록에서 두 개를 주문하는 것입니다. 저는 그것들 가운데 첫 번째 것과 두 번째 것을 가질 필요가 있습니다.

저는 또한 당신 제품의 가격들도 요청하기를 원합니다. 저는 그것들을 목요일에 모임에서 사용할 예정입니다. 그래서 (가주어 It 사용) 저에게 매우 중요한 것은 그 전에 그것들을 받는 것입니다. 그것들을 저에게 수요일까지 가격표와 함께 보내줄 수 있겠습니까?

이 일에 대해 빠른 답변 주시면 감사하겠습니다.

David 배상

Complete
the E-MAIL

이메일을 영어로 옮길 때 빈칸에 들어갈 알맞은 말을 써 보세요.

To whom it may concern,

I saw your product on the Internet. My friend suggested you to me.

_____ is interesting _____ .

The list shows different types of your products. _____ is the first thing to

do _____ . I need to have the first and

second one among them.

I also want to request the prices of your product. I will use them

on Thursday at the meeting. So, _____ is very important for me

_____ . Can you send them to me by

Wednesday with the price list?

I appreciate your quick response on this matter.

Sincerely,

David

Write in English

아래 힌트 어휘를 참고하면서 해석을 보고 이메일 라이팅을 해 보세요.

_____

_____

_____

_____

_____

_____

_____

_____

_____

_____

_____

_____

_____

_____

_____

_____

저는 당신의 상품을 인터넷에서 봤습니다. 제 친구가 저에게 그쪽을 추천해 주었기 때문입니다. (가주어 It 사용) 흥미로운 것은 당신의 카탈로그에 있는 그 디자인들을 보는 것입니다. (상품) 목록이 당신 제품의 많은 종류들을 보여주고 있습니다. (가주어 It 사용) 첫 번째 할 일은 목록에서 두 개를 주문하는 것입니다. 저는 그것들 가운데 첫 번째 것하고 두 번째 것을 가질 필요가 있습니다.

저는 또한 당신 제품의 가격들도 요청하기를 원합니다. 저는 그것들을 목요일에 모임에서 사용할 예정입니다. 그래서 (가주어 It 사용) 저에게 매우 중요한 것은 그 전에 그것들을 받는 것입니다. 그것들을 저에게 수요일까지 가격표와 함께 보내 줄 수 있겠습니까?

이 일에 대해 빠른 답변 주시면 감사하겠습니다.

● **It is interesting to look at** 흥미로운 것은 ~을 보는 것입니다 ● **the designs in your catalog** 당신의 카탈로그에 있는 디자인들
● **It is the first thing to do to order** 첫 번째 할 일은 주문하는 것입니다
● **it is very important for me to receive** 저에게 매우 중요한 것은 ~을 받는 것입니다 ● **response on** ~에 대한 답변

Write it RIGHT

완성된 이메일을 보고 올바로 써 본 후, 네이티브 스피커의 음성을 잘 듣고 큰 소리로 따라 읽어 보세요.

WORD COUNT
115
35-05

To whom it may concern,

I saw your product on the Internet. My friend suggested you to me. **It is** interesting **to look at the designs in your catalog.** The list shows different types of your products. **It is** the first thing to do **to order two on the list.** I need to have the first and second one among them.

I also want to request the prices of your product. I will use them on Thursday at the meeting. So, **it** is very important for me **to receive them before that.** Can you send them to me by Wednesday with the price list?

I appreciate your quick response on this matter.

Sincerely,

David

Day 35. 요구하는 이메일 97

DAY 36

형용사 + to부정사

형용사 + to부정사 감정이나 느낌을 말하는 형용사 뒤에 to부정사를 쓸 수 있다.

해석은 주로 '~하는 것이, ~하는 것에 있어서, ~하게 되어서, ~해서'가 된다.

Ex. I am **happy to see** you again.

저는 당신을 다시 **보게 되어서 행복**해요.

시작 시간 _____ 년 _____ 월 _____ 일 _____ 시 _____ 분

마친 시간 _____ 년 _____ 월 _____ 일 _____ 시 _____ 분   총 연습 시간 _____ 분

어구 시작하기 ①

다음 어구를 영어로 써 보세요.

주어의 기분을 말하는 형용사 쓰기

나 / 행복한

I /

우리 / 준비된

We /

나 / 운 좋은

I /

그녀 / 꺼리지 않는

She /

나 / 자랑스러운

I /

그 / 갈망하는

He /

나 / 죄송한

I /

그 / 놀란

He /

우리 / 기쁜

We /

그들 / 조심하는

They /

다음 페이지에서 정답을 확인하세요.

(문장.) 시작하기

be동사를 사용해 주어와 형용사 연결하기
→ 주어 + be동사 + 형용사

오른쪽에 주어진 단어를 참고로
다음 문장을 영어로 써 보세요.

1 저는 행복해요.

I ( ) happy.

6 우리는 준비되었어요.

We ( ) ready.

* *is*

* *am*

* *are*

2 저는 운이 좋아요.

I ( ) lucky.

7 그녀는 꺼리지 않아요.

She ( ) willing.

3 저는 자랑스러워요.

I ( ) proud.

8 그는 갈망하고 있어요.

He ( ) eager.

4 제가 죄송해요.

I ( ) sorry.

9 그는 놀랐어요.

He ( ) surprised.

5 우리는 기뻐요.

We ( ) glad.

10 그들은 조심스러워요.

They ( ) careful.

다음 페이지에서 정답을 확인하세요.

Check it out
완성 문장 확인하기

완성 문장을 확인하고 여러 번 쓰고 읽어 보세요. MP3 36-01

① 저는 행복해요.

I am happy.

⑥ 우리는 준비되었어요.

We are ready.

② 저는 운이 좋아요.

I am lucky.

⑦ 그녀는 꺼리지 않아요.

She is willing.

③ 저는 자랑스러워요.

I am proud.

⑧ 그는 갈망하고 있어요.

He is eager.

④ 제가 죄송해요.

I am sorry.

⑨ 그는 놀랐어요.

He is surprised.

⑤ 우리는 기뻐요.

We are glad.

⑩ 그들은 조심스러워요.

They are careful.

START WRITING

어구 시작하기 ②

다음 어구를 영어로 써 보세요.

> *to부정사 만들기 → to + 동사원형*

보다 ‣ *see*

보는 것이, 보게 되어 ‣

받다 ‣ *receive*

받게 된 것이, 받게 되어 ‣

통과하다 ‣ *pass*

통과한 것이, 통과하게 되어 ‣

방해하다 ‣ *bother*

방해하는 것이, 방해하게 되어 ‣

알다 ‣ *know*

알게 된 것이, 알게 되어 ‣

가다 ‣ *go*

가는 것이, 갈 ‣

하다 ‣ *do*

하는 것을, 할 ‣

시도하다 ‣ *try*

시도하는 것을, 시도하기를 ‣

듣다 ‣ *hear*

듣는 것이, 듣게 된 것이 ‣

선택하다 ‣ *choose*

선택하는 것이, 선택하는 것에 있어서 ‣

다음 페이지에서 정답을 확인하세요.

Check it out
완성 어구 **확인하기**

완성 어구를 확인하고 여러 번 쓰고 읽어 보세요. MP3 36-02

보다 ‣ see

보는 것이, 보게 되어 **to see**

가다 ‣ go

가는 것이, 갈 **to go**

받다 ‣ receive

받게 된 것이, 받게 되어 **to receive**

하다 ‣ do

하는 것을, 할 **to do**

통과하다 ‣ pass

통과한 것이, 통과하게 되어 **to pass**

시도하다 ‣ try

시도하는 것을, 시도하기를 **to try**

방해하다 ‣ bother

방해하는 것이, 방해하게 되어 **to bother**

듣다 ‣ hear

듣는 것이, 듣게 된 것이 **to hear**

알다 ‣ know

알게 된 것이, 알게 되어 **to know**

선택하다 ‣ choose

선택하는 것이, 선택하는 것에 있어서 **to choose**

문장 확장하기 ----------▶

> 감정을 말하는 형용사 뒤에 *to부정사 쓰기*
> → 형용사 + *to부정사*

확장된 다음 문장을 영어로 써 보세요.

1 저는 보게 되어 행복해요.

I am happy _____.

• *bother*

• *pass*

• *know*

2 저는 받게 되어 운이 좋아요.

I am lucky _____.

• *see*

• *receive*

3 저는 통과한 것이 자랑스러워요.

I am proud _____.

4 제가 방해해 죄송해요.

I am sorry _____.

5 우리는 알게 되어 기뻐요.

We are glad _____.

6 우리는 갈 준비가 되었어요.

We are ready _____ .

• *try*

• *choose*

• *do*

7 그녀는 하는 것을 꺼리지 않아요.

She is willing _____ .

• *hear*

• *go*

8 그는 시도하기를 갈망하고 있어요.

He is eager _____ .

9 그는 듣게 되어서 놀랐어요.

He is surprised _____ .

10 그들은 선택하는 것에 있어서 조심스러워요.

They are careful _____ .

다음 페이지에서 정답을 확인하세요.

문장 **더** 확장하기 EXPAND WRITING +

> to부정사의 목적어, 부사, 전치사구 등 내용상
> 필요한 말을 뒤에 써서 자연스럽게 마무리 짓기

더 확장된 다음 문장을 영어로 써 보세요.

1   저는 당신을 다시 보게 되어 행복해요.

I am happy to see

                                                                                    .

2   저는 장학금을 받게 되어 운이 좋아요.

I am lucky to receive

                                                                                    .

3   저는 그 시험을 통과한 것이 자랑스러워요.

I am proud to pass

                                                                                    .

4   제가 당신을 방해해 죄송해요.

I am sorry to bother

                                                                                    .

5   우리는 당신을 알게 되어 기뻐요.

We are glad to know

                                                                                    .

6 우리는 당신과 함께 갈 준비가 되었어요.

We are ready to go
                                                                          .
_____

7 그녀는 그것을 하는 것을 꺼리지 않아요.

She is willing to do
                                                                          .
_____

8 그는 한 번 더 시도하기를 갈망하고 있어요.

He is eager to try
                                                                          .
_____

9 그는 그의 성공을 듣게 되어 놀랐어요.

He is surprised to hear
                                                                          .
_____

10 그들은 사람들을 선택하는 것에 있어서 조심스러워요.

They are careful to choose
                                                                          .
_____

〈완성 문장 확인하기〉에서 정답을 확인하세요.

문장 통으로. 쓰기 WRITE IT OUT

이번에는 전체 문장을 통으로 써 보세요.

1 저는 당신을 다시 보게 되어 행복해요.

2 저는 장학금을 받게 되어 운이 좋아요.

3 저는 그 시험을 통과한 것이 자랑스러워요.

4 제가 당신을 방해해 죄송해요.

5 우리는 당신을 알게 되어 기뻐요.

6   우리는 당신과 함께 갈 준비가 되었어요.

7   그녀는 그것을 하는 것을 꺼리지 않아요.

8   그는 한 번 더 시도하기를 갈망하고 있어요.

9   그는 그의 성공을 듣게 되어 놀랐어요.

10 그들은 사람들을 선택하는 것에 있어서 조심스러워요.

📖 다음 페이지에서 정답을 확인하세요.

Check it out
완성 문장 확인하기

완성 문장을 확인하고 여러 번 쓰고 읽어 보세요. MP3 36-03

1 저는 당신을 다시 보게 되어 행복해요.

I am **happy to see** you again.

시작·························· 확장············· 더 확장····················

2 저는 장학금을 받게 되어 운이 좋아요.

I am **lucky to receive** a scholarship.

시작··························· 확장··························· 더 확장·····························

3 저는 그 시험을 통과한 것이 자랑스러워요.

I am **proud to pass** the test.

시작··························· 확장·················· 더 확장··············

4 제가 당신을 방해해 죄송해요.

I am **sorry to bother** you.

시작··························· 확장······················· 더 확장···

5 우리는 당신을 알게 되어 기뻐요.

We are **glad to know** you.

시작··························· 확장···················· 더 확장···

6 우리는 당신과 함께 갈 준비가 되었어요.

We are ready to go with you.

시작·························· 확장········· 더 확장··········

7 그녀는 그것을 하는 것을 꺼리지 않아요.

She is willing to do that.

시작·························· 확장········· 더 확장····

8 그는 한 번 더 시도하기를 갈망하고 있어요.

He is eager to try one more time.

시작·························· 확장········· 더 확장············

9 그는 그의 성공을 듣게 되어 놀랐어요.

He is surprised to hear his success.

시작·························· 확장········· 더 확장············

10 그들은 사람들을 선택하는 것에 있어서 조심스러워요.

They are careful to choose people.

시작·························· 확장········· 더 확장·········

to부정사를 뒤에 써서 감정을 나타내는 형용사들입니다. 외워두었다가 유용하게 써 보세요.

- be sorry to ~해서 미안하다

- be surprised to ~해서 놀라다

- be glad to ~해서 기쁘다

- be pleased to ~해서 기쁘다

- be delighted to ~해서 아주 즐겁다

- be content to ~해서 만족스럽다

- be relieved to ~해서 안심이 된다

- be lucky to ~할 만큼 운이 좋다

- be fortunate to ~할 만큼 운이 좋다

- be sad to ~한 것이 슬프다, 애석하다

- be upset to ~해서 화나다

- be disappointed to ~하다니 실망스럽다

- be ashamed to ~해서 부끄럽다

- be proud to ~해서 자랑스럽다

- be ready to ~할 준비가 되어 있다

- be prepared to ~할 준비가 되어 있다

- be anxious to ~하기를 열망하다

- be eager to ~하기를 열망하다

- be willing to ~하고자 하다

- be motivated to ~하고자 의욕적이다

- be determined to ~하기로 결심하다

- be careful to ~하는 데 유의하다

- be hesitant to ~하기를 주저하다

- be reluctant to ~하기를 주저하다

- be afraid to ~하기를 두려워하다

- be amazed to ~해서 놀라다(감탄을 강조)

- be astonished to ~해서 깜짝 놀라다

- be shocked to ~해서 충격이다

- be stunned to ~해서 매우 놀라다

DAY 37

too ~ to … 구문

too ~ to … '너무 ~해서 …하는 것이 힘들다' 또는 '너무 ~해서 …할 수 없다'라는 부정의 뜻을 전달한다. to … 뒤의 내용이 중요하지 않거나 서로 알고 있을 경우에는 to 이하를 생략하기도 한다.

Ex. It is **too** expensive **to** buy. 그것은 사기에는 너무 비싸다.

시작 시간 _____ 년 _____ 월 _____ 일 _____ 시 _____ 분

마친 시간 _____ 년 _____ 월 _____ 일 _____ 시 _____ 분   총 연습 시간 _____ 분

어구 시작하기 ①

너무 비싼 ▸ expensive

다음 어구를 영어로 써 보세요.

too를 덧붙여 '너무 ~한'의 표현 만들기

비싼 ▸ *expensive*

너무 비싼 ▸

먼 ▸ *far*

너무 먼 ▸

긴 ▸ *long*

너무 긴 ▸

무거운 ▸ *heavy*

너무 무거운 ▸

어려운 ▸ *difficult*

너무 어려운 ▸

두꺼운 ▸ *thick*

너무 두꺼운 ▸

빠른 ▸ *fast*

너무 빠른 ▸

시끄러운 ▸ *loud*

너무 시끄러운 ▸

뜨거운 ▸ *hot*

너무 뜨거운 ▸

큰 ▸ *big*

너무 큰 ▸

다음 페이지에서 정답을 확인하세요.

완성 어구 **확인하기**

완성 어구를 확인하고 여러 번 쓰고 읽어 보세요. MP3 37-01

비싼 ‣ expensive

먼 ‣ far

너무 비싼 ‣ **too** expensive

너무 먼 ‣ **too** far

긴 ‣ long

무거운 ‣ heavy

너무 긴 ‣ **too** long

너무 무거운 ‣ **too** heavy

어려운 ‣ difficult

두꺼운 ‣ thick

너무 어려운 ‣ **too** difficult

너무 두꺼운 ‣ **too** thick

빠른 ‣ fast

시끄러운 ‣ loud

너무 빠른 ‣ **too** fast

너무 시끄러운 ‣ **too** loud

뜨거운 ‣ hot

큰 ‣ big

너무 뜨거운 ‣ **too** hot

너무 큰 ‣ **too** big

어구 시작하기 ②

다음 어구를 영어로 써 보세요.

to부정사를 써서 '~하는 것'의
표현 만들기

사다 ▸ *buy*

사는 것 (사기에는) ▸

기다리다 ▸ *wait*

기다리는 것 (기다리기에는) ▸

이해하다 ▸ *understand*

이해하는 것 (이해하기에는) ▸

잡다 ▸ *catch*

잡는 것 (잡기에는) ▸

마시다 ▸ *drink*

마시는 것 (마시기에는) ▸

걷다 ▸ *walk*

걷는 것 (걷기에는) ▸

들어올리다 ▸ *lift*

들어올리는 것 (들어올리기에는) ▸

읽다 ▸ *read*

읽는 것 (읽기에는) ▸

얘기하다 ▸ *talk*

얘기하는 것 (얘기하기에는) ▸

입다 ▸ *wear*

입는 것 (입기에는) ▸

다음 페이지에서 정답을 확인하세요.

어구 확장하기

> *too(너무 ~한)와 to(~하는 것) 합치기*
> → *too + 형용사 + to부정사*

확장된 다음 형태의 어구를 영어로 써 보세요.

사기에는 너무 비싼

▸   to buy

걷기에는 너무 먼

▸   to walk

기다리기에는 너무 긴

▸   to wait

들어올리기에는 너무 무거운

▸   to lift

이해하기에는 너무 어려운

▸   to understand

읽기에는 너무 두꺼운

▸   to read

잡기에는 너무 빠른

▸   to catch

얘기하기에는 너무 시끄러운

▸   to talk

마시기에는 너무 뜨거운

▸   to drink

입기에는 너무 큰

▸   to wear

다음 페이지에서 정답을 확인하세요.

START WRITING

(문장.) 시작하기

주어와 동사를 넣어 *too ~ to ⋯* 구문 완성하기

오른쪽에 주어진 단어를 참고로
다음 문장을 영어로 써 보세요.

1 그것은 사기에는 너무 비싸요.

(　　　　　　　　　) too expensive to buy.

2 그 줄은 기다리기에는 너무 길어요.

(　　　　　　　　　) too long to wait.

3 그 설명은 이해하기에는 너무 어려워요.

(　　　　　　　　　) too difficult to understand.

4 그 공은 잡기에는 너무 빨라요.

(　　　　　　　　　) too fast to catch.

5 그 커피는 마시기에는 너무 뜨거워요.

(　　　　　　　　　) too hot to drink.

• *explanation*

• *line*

• *ball*

• *it*

• *coffee*

6 그것은 걷기에는 너무 멀어요.

    ((   )) too far to walk.

7 그 상자는 들어올리기에는 너무 무거워요.

    ((   )) too heavy to lift.

8 그 책은 읽기에는 너무 두꺼워요.

    ((   )) too thick to read.

9 이 방은 얘기하기에는 너무 시끄러워요.

    ((   )) too loud to talk.

10 이 재킷은 입기에는 너무 커요.

    ((   )) too big to wear.

- *this*
- *book*
- *jacket*
- *box*
- *it*
- *room*

〈완성 문장 확인하기〉에서 정답을 확인하세요.

(문장 통으로.) 쓰기

이번에는 전체 문장을 통으로 써 보세요.

1 그것은 사기에는 너무 비싸요.

2 그 줄은 기다리기에는 너무 길어요.

3 그 설명은 이해하기에는 너무 어려워요.

4 그 공은 잡기에는 너무 빨라요.

5 그 커피는 마시기에는 너무 뜨거워요.

6   그것은 걷기에는 너무 멀어요.

7   그 상자는 들어올리기에는 너무 무거워요.

8   그 책은 읽기에는 너무 두꺼워요.

9   이 방은 얘기하기에는 너무 시끄러워요.

10   이 재킷은 입기에는 너무 커요.

📖 다음 페이지에서 정답을 확인하세요.

Check it out
완성 문장 확인하기

완성 문장을 확인하고 여러 번 쓰고 읽어 보세요. MP3 37-02

1 그것은 사기에는 너무 비싸요.

It is too expensive to buy.

2 그 줄은 기다리기에는 너무 길어요.

The line is too long to wait.

3 그 설명은 이해하기에는 너무 어려워요.

The explanation is too difficult to understand.

4 그 공은 잡기에는 너무 빨라요.

The ball is too fast to catch.

5 그 커피는 마시기에는 너무 뜨거워요.

The coffee is too hot to drink.

6 그것은 걷기에는 너무 멀어요.

It is **too** far **to** walk.

7 그 상자는 들어올리기에는 너무 무거워요.

The box is **too** heavy **to** lift.

8 그 책은 읽기에는 너무 두꺼워요.

The book is **too** thick **to** read.

9 이 방은 얘기하기에는 너무 시끄러워요.

This room is **too** loud **to** talk.

10 이 재킷은 입기에는 너무 커요.

This jacket is **too** big **to** wear.

enough to ~

enough 뒤에 to부정사가 오면 '~할 만큼 충분한, ~할 만큼 충분히'라는 표현이 된다.

enough 앞에 '형용사'를 써서 뒤에 있는 'to부정사'와 의미상 연결을 지을 수 있다.

결과적으로 '형용사 + enough + to부정사'라는 규칙이 정해진다.

Ex. He is strong **enough to endure**. 그는 견딜 **만큼 충분히** 강해요.

시작 시간 _____년 _____월 _____일 _____시 _____분

마친 시간 _____년 _____월 _____일 _____시 _____분   총 연습 시간 _____분

어구 시작하기

'enough + to부정사' 표현 만들기

다음 어구를 영어로 써 보세요.

견디다 ▸ *endure*

견딜 만큼 충분히 ▸   endure

사용하다 ▸ *use*

사용할 만큼 충분히 ▸   use

배우다 ▸ *learn*

배울 만큼 충분히 ▸   learn

얘기하다 ▸ *talk*

얘기할 만큼 충분히 ▸   talk

가지고 다니다 ▸ *carry*

가지고 다닐 만큼 충분히 ▸   carry

도전하다 ▸ *challenge*

도전할 만큼 충분히 ▸   challenge

먹다 ▸ *eat*

먹을 만큼 충분히 ▸   eat

잠자다 ▸ *sleep*

잠잘 만큼 충분히 ▸   sleep

일하다 ▸ *work*

일할 만큼 충분히 ▸   work

다음 페이지에서 정답을 확인하세요.

> **'형용사 + enough to' 쓰기**

오른쪽에 주어진 단어를 참고로
다음 어구를 영어로 써 보세요.

강한 ▸

견딜 만큼 충분히 강한 ▸   enough to endure

안전한 ▸

사용할 만큼 충분히 안전한 ▸   enough to use

나이가 든 ▸

배울 만큼 충분히 나이가 든 ▸   enough to learn

친밀한 ▸

얘기할 만큼 충분히 친밀한 ▸   enough to talk

작은 ▸

가지고 다닐 만큼 충분히 작은 ▸   enough to carry

- *small*
- *old*
- *strong*
- *intimate*
- *safe*

용감한 ▸

도전할 만큼 충분히 용감한 ▸   enough to challenge

• *sweet*

• *spacious*

• *brave*

• *comfortable*

단 ▸

먹을 만큼 충분히 단 ▸   enough to eat

편안한 ▸

잠잘 만큼 충분히 편안한 ▸   enough to sleep

넓찍한 ▸

일할 만큼 충분히 넓찍한 ▸   enough to work

다음 페이지에서 정답을 확인하세요.

(문장.) 시작하기

내용상 어울릴 만한 적절한 '주어와 be동사'를 써서 문장 완성하기

오른쪽에 주어진 단어를 참고로 다음 문장을 영어로 써 보세요.

1 그는 견딜 만큼 충분히 강해요.

(   ) strong enough to endure.

• *are*

• *notebook*

2 이 도구는 사용할 만큼 충분히 안전해요.

(   ) safe enough to use.

• *tool*

• *is*

3 당신은 배울 만큼 충분히 나이가 들었어요.

(   ) old enough to learn.

• *this*

4 Jack과 Sally는 얘기할 만큼 충분히 친밀해요.

(   ) intimate enough to talk.

5 그 공책은 가지고 다닐 만큼 충분히 작아요.

(   ) small enough to carry.

6 그 경쟁자는 도전할 만큼 충분히 용감해요.   • *competitor*

(   ) brave enough to challenge.   • *room*

7 이 쿠키는 먹을 만큼 충분히 달아요.   • *cookie*

(   ) sweet enough to eat.   • *sofa*

8 그 소파는 잠잘 만큼 충분히 편안했어요.

(   ) comfortable enough to

sleep.

9 그 방은 일할 만큼 충분히 널찍했어요.

(   ) spacious enough to work.

📖
〈완성 문장 확인하기〉에서 정답을 확인하세요.

(문장 통으로.) 쓰기

이번에는 전체 문장을 통으로 써 보세요.

1　그는 견딜 만큼 충분히 강해요.

2　이 도구는 사용할 만큼 충분히 안전해요.

3　당신은 배울 만큼 충분히 나이가 들었어요.

4　Jack과 Sally는 얘기할 만큼 충분히 친밀해요.

5　그 공책은 가지고 다닐 만큼 충분히 작아요.

6   그 경쟁자는 도전할 만큼 충분히 용감해요.

7   이 쿠키는 먹을 만큼 충분히 달아요.

8   그 소파는 잠잘 만큼 충분히 편안했어요.

9   그 방은 일할 만큼 충분히 널찍했어요.

📖 다음 페이지에서 정답을 확인하세요.

완성 문장을 확인하고 여러 번 쓰고 읽어 보세요. MP3 38-01

1 그는 견딜 만큼 충분히 강해요.

He is strong **enough to** endure.

2 이 도구는 사용할 만큼 충분히 안전해요.

This tool is safe **enough to** use.

3 당신은 배울 만큼 충분히 나이가 들었어요.

You are old **enough to** learn.

4 Jack과 Sally는 얘기할 만큼 충분히 친밀해요.

Jack and Sally are intimate **enough to** talk.

5 그 공책은 가지고 다닐 만큼 충분히 작아요.

The notebook is small **enough to** carry.

6 그 경쟁자는 도전할 만큼 충분히 용감해요.

The competitors are brave **enough to** challenge.

7 이 쿠키는 먹을 만큼 충분히 달아요.

This cookie is sweet **enough to** eat.

8 그 소파는 잠잘 만큼 충분히 편안했어요.

The sofa was comfortable **enough to** sleep.

9 그 방은 일할 만큼 충분히 널찍했어요.

The room was spacious **enough to** work.

DAY 39

정형화된 동명사 표현들

go + -ing처럼 '정형화' 또는 사용 방식이 '정해져 있는' 말은
그 사용빈도수가 대단히 높고 그러한 활동을 자주 한다는 뜻이다.

Ex. I like to **go swimming**. 저는 **수영하러 가는** 것을 좋아해요.

시작 시간 _____년 _____월 _____일 _____시 _____분

마친 시간 _____년 _____월 _____일 _____시 _____분   총 연습 시간 _____분

어구 시작하기

-ing를 붙여 동명사 만들기

다음 어구를 영어로 써 보세요.

수영하다 ▸ *swim*

수영하는 것 ▸

춤추다 ▸ *dance*

춤추는 것 ▸

스키를 타다 ▸ *ski*

스키를 타는 것 ▸

낚시하다 ▸ *fish*

낚시하는 것 ▸

캠핑하다 ▸ *camp*

캠핑하는 것 ▸

쇼핑하다 ▸ *shop*

쇼핑하는 것 ▸

조깅하다 ▸ *jog*

조깅하는 것 ▸

롤러블레이드를 타다 ▸ *rollerblade*

롤러블레이드를 타는 것 ▸

구경하다 ▸ *sightsee*

구경하는 것 ▸

하이킹 가다 ▸ *hike*

하이킹 가는 것 ▸

다음 페이지에서 정답을 확인하세요.

(문장.) 시작하기

'go + -ing'로 자주 하는 야외활동에 대한 패턴 표현 익히기
적절한 주어 선택과 그에 맞게 go의 시제나 인칭 바꾸기

오른쪽에 주어진 단어를 참고로
다음 문장을 영어로 써 보세요.

1 저는 수영하러 가요.

( ) swimming.

2 제 친구는 스키 타러 갔어요.

( ) skiing.

3 Cindy는 캠핑을 갔어요.

( ) camping.

4 그녀는 조깅하러 가요.

( ) jogging.

5 많은 관광객들이 구경하러 가요.

( ) sightseeing.

- *go*
- *many*
- *my*
- *tourist*
- *she*
- *friend*
- *I*

6 그들은 춤추러 갔어요.

((   )) dancing.

7 Mike는 낚시하러 가요.

((   )) fishing.

8 저는 쇼핑을 가요.

((   )) shopping.

9 그들 중 하나는 롤러블레이드를 타러 갔어요.

((   )) rollerblading.

10 우리는 하이킹 가요.

((   )) hiking.

- *they*
- *of*
- *go*
- *we*
- *one*
- *I*
- *them*

다음 페이지에서 정답을 확인하세요.

Check it out
완성 문장 확인하기

완성 문장을 확인하고 여러 번 쓰고 읽어 보세요. MP3 39-01

1 저는 수영하러 가요.

I go swimming.

2 제 친구는 스키 타러 갔어요.

My friend went skiing.

3 Cindy는 캠핑을 갔어요.

Cindy went camping.

4 그녀는 조깅하러 가요.

She goes jogging.

5 많은 관광객들이 구경하러 가요.

Many tourists go sightseeing.

6 그들은 춤추러 갔어요.

They **went dancing**.

7 Mike는 낚시하러 가요.

Mike **goes fishing**.

8 저는 쇼핑을 가요.

I **go shopping**.

9 그들 중 하나는 롤러블레이드를 타러 갔어요.

One of them **went rollerblading**.

10 우리는 하이킹 가요.

We **go hiking**.

문장 **확장**하기 --------→

EXPAND WRITING

go 앞에 *to*를 붙여 *to go*를 만든 후 *to*부정사를 목적어로
취하는 동사를 그 앞에 써서 *to go*를 목적어로 삼기

확장된 다음 문장을 영어로 써 보세요.

1   저는 수영하러 가는 것을 좋아해요.

    I _____ go swimming.

                         • *want*

                         • *like*

                         • *ask*

2   제 친구는 스키 타러 가는 것을 엄청 좋아해요.

    My friend _____ go skiing.

                         • *love*

                         • *need*

3   Cindy는 캠핑을 가기를 원해요.

    Cindy _____ go camping.

4   그녀는 조깅하러 갈 필요가 있어요.

    She _____ go jogging.

5   많은 관광객들이 구경하러 가기를 요청했어요.

    Many tourists _____ go sightseeing.

6 그들은 춤추러 갈 것을 추천했어요.

They _____ go dancing.

● *hope*

● *refuse*

● *recommend*

7 Mike는 낚시하러 갈 계획이었어요.

Mike _____ go fishing.

● *plan*

● *expect*

8 저는 쇼핑을 갈 기대를 했어요.

I _____ go shopping.

9 그들 중 하나는 롤러블레이드 타러 가는 것을 거절했어요.

One of them _____ go rollerblading.

10 우리는 하이킹 가는 것을 희망해요.

We _____ go hiking.

〈완성 문장 확인하기〉에서 정답을 확인하세요.

(문장 통으로.) 쓰기　　　　　WRITE IT OUT

이번에는 전체 문장을 통으로 써 보세요.

1 저는 수영하러 가는 것을 좋아해요.

2 제 친구는 스키 타러 가는 것을 엄청 좋아해요.

3 Cindy는 캠핑을 가기를 원해요.

4 그녀는 조깅하러 갈 필요가 있어요.

5 많은 여행객들이 구경하러 가기를 요청했어요.

6 그들은 춤추러 갈 것을 추천했어요.

---

7 Mike는 낚시하러 갈 계획이었어요.

---

8 저는 쇼핑을 갈 기대를 했어요.

---

9 그들 중 하나는 롤러블레이드를 타러 가는 것을 거절했어요.

---

10 우리는 하이킹 가는 것을 희망해요.

📖 다음 페이지에서 정답을 확인하세요.

Check it out
완성 문장 확인하기

완성 문장을 확인하고 여러 번 쓰고 읽어 보세요. MP3 39-02

1 저는 수영하러 가는 것을 좋아해요.

I like to go swimming.

2 제 친구는 스키 타러 가는 것을 엄청 좋아해요.

My friend loves to go skiing.

3 Cindy는 캠핑을 가기를 원해요.

Cindy wants to go camping.

4 그녀는 조깅하러 갈 필요가 있어요.

She needs to go jogging.

5 많은 여행객들이 구경하러 가기를 요청했어요.

Many tourists asked to go sightseeing.

6 그들은 춤추러 갈 것을 추천했어요.

They **recommended to go dancing**.

7 Mike는 낚시하러 갈 계획이었어요.

Mike **planned to go fishing**.

8 저는 쇼핑을 갈 기대를 했어요.

I **expected to go shopping**.

9 그들 중의 하나는 롤러블레이드 타러 가는 것을 거절했어요.

One of them **refused to go rollerblading**.

10 우리는 하이킹 가는 것을 희망해요.

We **hope to go hiking**.

DAY 40

가주어 It

가주어 It 주어가 길어지는 것을 막기 위해 to부정사가 문장의 주어일 때

to부정사를 대신해 사용된 It을 말한다.

진주어 It에 자리를 양보하고 문장 뒤로 갔지만 원래부터 문장의 주어였던 to부정사를 말한다.

Ex. **It** is important for you **to come to the seminar voluntarily**.

자원해서 세미나에 오는 것은 당신한테 중요해요.

시작 시간 _____년 _____월 _____일 _____시 _____분

마친 시간 _____년 _____월 _____일 _____시 _____분   총 연습 시간 _____분

어구 시작하기

① to부정사 뒤에 명사 쓰기
② 부사, 전치사구, 분사 써서 어구 확장하기

다음 어구를 영어로 써 보세요.

To attend ▸ 그 세미나에 참석하는 것

To attend 《　　　　　》

▸ 자원해서 그 세미나에
참석하는 것

To attend the seminar

《　　　　　》

To bring ▸ 자료를 가지고 오는 것

To bring 《　　　　　》

▸ 미술 수업에 자료를
가지고 오는 것

To bring the material

《　　　　　》

To win ▸ 그 경기를 이기는 것

To win 《　　　　　》

▸ 점수를 잃지 않고
그 경기를 이기는 것

To win the game

《　　　　　》

To see ▸ 아이를 보는 것

To see 《　　　　　》

▸ 그의 부모를 돕는
아이를 보는 것

To see the child

《　　　　　》

To change ▸ 원래 계획을 변경하는 것

To change 《　　　　　》

▸ 이 시점에서 원래
계획을 변경하는 것

To change the original plan

《　　　　　》

다음 페이지에서 정답을 확인하세요.

Check it out
완성 어구 확인하기

완성 어구를 확인하고 여러 번 쓰고 읽어 보세요. MP3 40-01

참석하는 것 ▸	To attend
그 세미나에 참석하는 것 ▸	To attend **the seminar**
자원해서 그 세미나에 참석하는 것 ▸	To attend the seminar **voluntarily**
가지고 오는 것 ▸	To bring
자료를 가지고 오는 것 ▸	To bring **the material**
미술 수업에 자료를 가지고 오는 것 ▸	To bring the material **to the art class**
이기는 것 ▸	To win
그 경기를 이기는 것 ▸	To win **the game**
점수를 잃지 않고 그 경기를 이기는 것 ▸	To win the game **without losing a point**
보는 것 ▸	To see
아이를 보는 것 ▸	To see **the child**
그의 부모를 돕는 아이를 보는 것 ▸	To see the child **helping his parents**
변경하는 것 ▸	To change
원래 계획을 변경하는 것 ▸	To change **the original plan**
이 시점에서 원래 계획을 변경하는 것 ▸	To change the original plan **at this time**

(문장.) 시작하기

오른쪽에 주어진 단어를 참고로
다음 문장을 영어로 써 보세요.

1 그것은 중요해요.

( )

2 그것은 필요해요.

( )

3 그것은 가능해요.

( )

4 그것은 감동적이에요.

( )

5 그것은 불가피해요.

( )

- *impressive*
- *possible*
- *important*
- *inevitable*
- *necessary*

다음 페이지에서 정답을 확인하세요.

Check it out
완성 문장 **확인하기**

완성 문장을 확인하고 여러 번 쓰고 읽어 보세요. MP3 40-02

1 그것은 중요해요.

It is important.

2 그것은 필요해요.

It is necessary.

3 그것은 가능해요.

It is possible.

4 그것은 감동적이에요.

It is impressive.

5 그것은 불가피해요.

It is inevitable.

문장 확장하기 ------------▶

> ***It*이 무엇인지 자세하게 말하는
> *to*부정사가 쓰인 말을 그 자리에 쓰기**

확장된 다음 문장을 영어로 써 보세요.

1 자원해서 그 세미나에 참석하는 것은 중요해요.

_____ is important.

2 미술 수업에 자료를 가지고 오는 것은 필요해요.

_____ is necessary.

3 점수를 잃지 않고 그 경기를 이기는 것이 가능해요.

_____ is possible.

4 그의 부모를 돕는 아이를 보는 것은 감동적이에요.

_____ is impressive.

5 이 시점에서 원래 계획을 변경하는 것은 불가피해요.

_____ is inevitable.

- *see*
- *lose*
- *material*
- *voluntarily*
- *original*
- *parent*
- *without*
- *bring*
- *point*
- *seminar*
- *at this time*
- *child*
- *art class*

다음 페이지에서 정답을 확인하세요.

156 영어 라이팅 훈련 E-mail writing

Check it out
완성 문장 확인하기

완성 문장을 확인하고 여러 번 쓰고 읽어 보세요. MP3 40-03

1 자원해서 그 세미나에 참석하는 것은 중요해요.

To attend the seminar voluntarily is important.

2 미술 수업에 자료를 가지고 오는 것은 필요해요.

To bring the material to the art class is necessary.

3 점수를 잃지 않고 그 경기를 이기는 것이 가능해요.

To win the game without losing a point is possible.

4 그의 부모를 돕는 아이를 보는 것은 감동적이에요.

To see the child helping his parents is impressive.

5 이 시점에서 원래 계획을 변경하는 것은 불가피해요.

To change the original plan at this time is inevitable.

문장 **더** 확장하기 EXPAND WRITING+

> to부정사가 쓰인 긴 주어를 문장 뒤로 넘기고
> 대신에 그 자리에 '가주어 It' 쓰기

더 확장된 다음 문장을 영어로 써 보세요.

1 자원해서 그 세미나에 참석하는 것은 중요해요.

is important

                                                     .

2 미술 수업에 자료를 가지고 오는 것은 필요해요.

is necessary

  .

3 점수를 잃지 않고 그 경기를 이기는 것이 가능해요.

is possible

  .

4 그의 부모를 돕는 아이를 보는 것은 감동적이에요.

is impressive

  .

5 이 시점에서 원래 계획을 변경하는 것은 불가피해요.

is inevitable

  .

다음 페이지에서 정답을 확인하세요.

문장 더 x2 확장하기

> 의미상 주어에 해당하는 'for + 대명사'를 to부정사 앞에
> 끼워 넣기 → It is ~ for + 대명사 + to부정사

더 확장된 다음 문장을 영어
로 써 보세요.

1 자원해서 그 세미나에 참석하는 것은 당신한테 (있어서) 중요해요.

It is important _____ to attend the seminar voluntarily.

2 미술 수업에 자료를 가지고 오는 것은 저한테 (있어서) 필요해요.

It is necessary _____ to bring the material to the art class.

3 점수를 잃지 않고 그 경기를 이기는 것이 그들한테 (있어서) 가능해요.

It is possible _____ to win the game without losing a point.

4 그의 부모를 돕는 아이를 보는 것은 우리한테 (있어서) 감동적이에요.

It is impressive _____ to see the child helping his parents.

5 이 시점에서 원래 계획을 변경하는 것은 저한테 (있어서) 불가피해요.

It is inevitable _____ to change the original plan at this time.

〈완성 문장 확인하기〉에서 정답을 확인하세요.

(문장 통으로.) 쓰기
WRITE IT OUT

이번에는 전체 문장을 통으로 써 보세요.

1   자원해서 그 세미나에 참석하는 것은 당신한테 (있어서) 중요해요.

2   미술 수업에 자료를 가지고 오는 것은 저한테 (있어서) 필요해요.

3   점수를 잃지 않고 그 경기를 이기는 것이 그들한테 (있어서) 가능해요.

4   그의 부모를 돕는 아이를 보는 것은 우리한테 (있어서) 감동적이에요.

5   이 시점에서 원래 계획을 변경하는 것은 저한테 (있어서) 불가피해요.

📖 다음 페이지에서 정답을 확인하세요.

Check it out
완성 문장 확인하기

완성 문장을 확인하고 여러 번 쓰고 읽어 보세요. MP3 40-04

1 자원해서 그 세미나에 참석하는 것은 당신한테 (있어서) 중요해요.

It is important for you to attend the seminar voluntarily.

더 확장·························· 더×² 확장········· 더 확장····································

2 미술 수업에 자료를 가지고 오는 것은 저한테 (있어서) 필요해요.

It is necessary for me to bring the material to the art class.

더 확장·························· 더×² 확장········· 더 확장····································

3 점수를 잃지 않고 그 경기를 이기는 것이 그들한테 (있어서) 가능해요.

It is possible for them to win the game without losing a

더 확장·························· 더×² 확장··············· 더 확장····································

point.

···············

4 그의 부모를 돕는 아이를 보는 것은 우리한테 (있어서) 감동적이에요.

It is impressive for us to see the child helping his parents.

더 확장·························· 더×² 확장····· 더 확장····································

5 이 시점에서 원래 계획을 변경하는 것은 저한테 (있어서) 불가피해요.

It is inevitable for me to change the original plan at this

더 확장·························· 더×² 확장········· 더 확장····································

time.

···············

── **DAY** 36~40 총정리 ──

사과하는 이메일

총정리 순서

STEP 1 기본 구조의 문장으로 구성된 우리말 이메일을 보고 영어로 써 보기

STEP 2 구조가 확장된 우리말 이메일을 보고 영어로 써 보기

STEP 3 구조가 더 확장된 우리말 이메일을 보고 영어로 써 보기

STEP 4 구조가 더X2 확장된 우리말 이메일을 보고 영어로 써 보기

처음부터 끝까지 영어로 쓰는 것이 어렵다면 확장된 부분을 채워 넣어 문장을 완성해 보는

Complete the E−MAIL을 먼저 한 후 Write it RIGHT에 도전해 보세요!

SCHEDULE

E-MAIL Writing은 한 주의 학습을 총정리하는 순서라서 하루 만에 모두 소화하기에 벅찬 분량인데요, 다 하지 못한 부분은 assignment로 하거나 시간 날 때마다 짬짬이 도전해 보세요! 아래 훈련기록란도 넉넉히 마련해두었습니다.

1차 훈 련 기 록

시작 시간 _____년 _____월 _____일 _____시 _____분

마친 시간 _____년 _____월 _____일 _____시 _____분

총 연습 시간 _____분

2차 훈 련 기 록

시작 시간 _____년 _____월 _____일 _____시 _____분

마친 시간 _____년 _____월 _____일 _____시 _____분

총 연습 시간 _____분

3차 훈 련 기 록

시작 시간 _____년 _____월 _____일 _____시 _____분

마친 시간 _____년 _____월 _____일 _____시 _____분

총 연습 시간 _____분

문장의 시작: 주어 + 동사 + 목적어

START WRITING

(이메일.) 시작하기

다음 이메일을 읽고 이메일 라이팅에 도전해 보세요.

Jason에게,

제가 그것을 놓치고 말았습니다. 제가 잊어버리고 있었습니다. 제가 당신에게 전화하려고 시도했지만 너무 바빴습니다. 저는 그 문제에 대해서 사과하고 싶습니다.

제가 당신께 좀 더 일찍 알려드렸어야 했는데 너무 늦어 버렸습니다. 이것 때문에 원래 계획을 바꾸지 말아주시길 바랍니다. 저도 역시 많이 놀랐습니다. 지금부터 당신을 먼저 고려할 것을 약속 드리겠습니다. 저는 이제 준비가 되어 있습니다.

다음 번에는 제가 좀 더 조심하겠습니다. 주저하지 마시고 언제든지 저에게 연락해 주시길 바랍니다. 당신을 곧 만나 뵙기를 바랍니다.

Steven 올림

Complete
the E-MAIL

이메일을 영어로 옮길 때 빈칸에 들어갈 알맞은 말을 써 보세요.

Dear Jason,

_____. I forgot. _____ you, but I

was too busy. _____ for the trouble.

_____ earlier, but it was too late. Please,

don't change the original plan because of this. I was also so surprised.

From now, _____ you first. Now, I am

ready.

Next time, I will be more careful. Don't hesitate to contact me

anytime! _____ you soon.

Sincerely,

Steven

Write in English

아래 힌트 어휘를 참고하면서 해석을 보고 이메일 라이팅을 해 보세요.

_____

_____

_____

_____

_____

_____

_____

_____

_____

_____

_____

_____

_____

_____

제가 그것을 놓치고 말았습니다. 제가 잊어버리고 있었습니다. 제가 당신에게 전화하려고 시도했지만 너무 바빴습니다. 저는 그 문제에 대해서 사과하고 싶습니다.

제가 당신께 좀 더 일찍 알려드렸어야 했는데 너무 늦어 버렸습니다. 이것 때문에 원래 계획을 바꾸지 말아주시길 바랍니다. 저도 역시 많이 놀랐습니다. 지금부터 당신을 먼저 고려할 것을 약속 드리겠습니다. 저는 이제 준비가 되어 있습니다.

다음 번에는 제가 좀 더 조심하겠습니다. 주저하지 마시고 언제든지 저에게 연락해 주시길 바랍니다. 당신을 곧 만나 뵙기를 바랍니다.

● missed 놓치고 말았습니다 ● forgot 잊어버리고 있었습니다 ● tried to 시도했습니다 ● call 전화하다 ● but ~만, 하지만
● too busy 너무 바쁜 ● wanted to ~하고 싶었습니다 ● apologize 사과하다 ● the trouble 그 문제
● should have notified 알려드렸어야 했습니다 ● earlier 좀더 일찍 ● it was late 늦어 버렸습니다
● Please, don't change 바꾸지 말아주시길 바랍니다 ● original 원래의 ● because of ~때문에 ● I was surprised 저는 놀랐습니다 ● so 많이
● From now 지금부터 ● promise to ~할 것을 약속 드리겠습니다 ● consider 고려하다 ● am ready 준비가 되어 있습니다
● Next time 다음 번에는 ● will be ~하겠습니다. ● more careful 좀 더 조심스러운 ● Don't hesitate 주저하지 마십시오 ● contact 연락하다
● anytime 언제든지 ● hope to see 만나 뵙기를 바랍니다 ● soon 곧

Write it RIGHT

완성된 이메일을 보고 올바로 써 본 후, 네이티브 스피커의 음성을 잘 듣고 큰 소리로 따라 읽어 보세요.

WORD COUNT 78 41-01

Dear Jason,

I missed it. I forgot. I tried to call you, but I was too busy. I wanted to apologize for the trouble.

I should have notified you earlier, but it was too late. Please, don't change the original plan because of this. I was also so surprised. From now, I promise to consider you first. Now, I am ready. Next time, I will be more careful. Don't hesitate to contact me anytime! I hope to see you soon.

Sincerely,

Steven

Grammar Focus STEP **2** — to부정사(~하는 것), in order to(~하기 위하여), 전치사 to(~에)를 함께 쓰기　　**EXPAND** WRITING

◀────── 이메일 **확장**하기 ──────▶

확장된 구조의 다음 이메일을 읽고 이메일 라이팅에 도전해 보세요.

Jason에게,

제가 그것을 놓치고 말았습니다. 제가 **그것을 하는 것을** 잊어버리고 있었습니다. 제가 **얘기해 드리기 위해** 당신에게 전화하려고 시도했지만 너무 바빴습니다. 저는 그 문제에 대해서 **당신께** 사과하고 싶습니다.

제가 당신께 좀 더 일찍 알려드렸어야 했는데 너무 늦어 버렸습니다. 이것 때문에 원래 계획을 바꾸지 말아주시길 바랍니다. 저도 역시 많이 놀랐습니다. 지금부터 **시간과 돈을 아끼기 위해** 당신을 먼저 고려할 것을 약속 드리겠습니다. 저는 이제 준비가 되어 있습니다.

다음 번에는 제가 좀 더 조심하겠습니다. 주저하지 마시고 **질문할 것이 있으면 물어보기 위해** 언제든지 저에게 연락해 주시길 바랍니다. **당신께 더 많은 설명을 드리기 위해** 당신을 곧 만나 뵙기를 바랍니다.

Steven 올림

Complete
the E-MAIL

이메일을 영어로 옮길 때 빈칸에 들어갈 알맞은 말을 써 보세요.

Dear Jason,

I missed it. I forgot _____ . I tried to call you

_____ , but I was too busy. I want to apologize

_____ for the trouble.

I should have notified you earlier, but it was too late. Please, don't change the

original plan because of this. I was also so surprised. From now, I promise to

consider you first _____ .

Now, I am ready.

Next time, I will be more careful. Don't hesitate and contact me

anytime _____ ! I hope to see you soon

_____ .

Sincerely,

Steven

Write in English

아래 힌트 어휘를 참고하면서 해석을 보고 이메일 라이팅을 해 보세요.

_____

_____

_____

_____

_____

_____

_____

_____

_____

_____

_____

_____

_____

_____

제가 그것을 놓치고 말았습니다. 제가 그것을 해야 하는 것을 잊어버리고 있었습니다. 제가 얘기해 드리기 위해 당신에게 전화하려고 시도했지만 너무 바빴습니다. 저는 그 문제에 대해서 당신께 사과하고 싶습니다.

제가 당신께 좀 더 일찍 알려드렸어야 했는데 너무 늦어 버렸습니다. 이것 때문에 원래 계획을 바꾸지 말아주시길 바랍니다. 저도 역시 많이 놀랐습니다. 지금부터 시간과 돈을 아끼기 위해 당신을 먼저 고려할 것을 약속 드리겠습니다. 저는 이제 준비가 되어 있습니다.

다음 번에는 제가 좀 더 조심하겠습니다. 주저하지 마시고 질문할 것이 있으면 물어보기 위해 언제든지 저에게 연락해 주시길 바랍니다. 당신께 더 많은 설명을 드리기 위해 당신을 곧 만나 뵙기를 바랍니다.

●forgot to do ~하는 것을 잊어버리고 있었습니다 ●tried to ~하려고 시도했습니다 ●in order to tell 얘기해 드리기 위해 ●too busy 너무 바쁜
●to apologize 사과하는 것 ●to you 당신께 ●should have notified 알려드렸어야 했습니다 ●too late 너무 늦은 ●I was also 저도 역시
●From now 지금부터 ●to consider 고려하는 것 ●in order to save 아끼기 위해 ●be more careful 좀 더 조심하다 ●hesitate 주저하다
●contact 연락하다 ●in order to ask questions 질문할 것이 있으면 물어보기 위해 ●to see 만나볼 것
●in order to explain 설명을 드리기 위해 ●more 더 많은 것

Write it RIGHT

완성된 이메일을 보고 올바로 써 본 후, 네이티브 스피커의 음성을 잘 듣고 큰 소리로 따라 읽어 보세요.

WORD COUNT
107
41-02

Dear Jason,

I missed it. I forgot **to do it**. I tried to call you **in order to tell**, but I was too busy. I want to apologize **to you** for the trouble.

I should have notified you earlier, but it was too late. Please, don't change the original plan because of this. I was also so surprised. From now, I promise to consider you first **in order to save the time and money**. Now, I am ready.

Next time, I will be more careful. Don't hesitate to contact me anytime **in order to ask questions**! I hope to see you soon **in order to explain more to you**.

Sincerely,

Steven

이메일 **더** 확장하기

더 확장된 구조의 다음 이메일을 읽고 이메일 라이팅에 도전해 보세요.

Jason에게,

제가 그것을 놓치고 말았습니다. 제가 그것을 하는 것을 잊어버리고 있었습니다. 제가 얘기해 드리기 위해 당신에게 전화하려고 시도했지만 **제시간에 당신께 전화하기에는** 너무 바빴습니다. 저는 그 문제에 대해서 당신께 사과하고 싶습니다. 제가 당신께 좀 더 일찍 알려드렸어야 했는데 **얼마간의 손해를 피하기에는** 너무 늦어 버렸습니다. 이것 때문에 원래 계획을 바꾸지 말아주시길 바랍니다. 저도 역시 **저의 실수를 깨닫고** 많이 놀랐습니다. 지금부터 시간과 돈을 아끼기 위해 당신을 먼저 고려할 것을 약속 드리겠습니다. 저는 이제 **다시 시도할** 준비가 되어 있습니다.

다음 번에는 **날짜를 선택하는 데** 제가 좀 더 조심하겠습니다. 주저하지 마시고 질문할 것이 있으면 물어보기 위해 언제든지 저에게 연락해 주시길 바랍니다. 당신께 더 많은 설명을 드리기 위해 당신을 곧 만나 뵙기를 바랍니다.

Steven 올림

Complete
the E-MAIL

이메일을 영어로 옮길 때 빈칸에 들어갈 알맞은 말을 써 보세요.

Dear Jason,

I missed it. I forgot to do it. I tried to call you in order to tell, but I was too busy

_____. I want to apologize to you for the

trouble.

I should have notified you earlier, but it was too late _____

_____. Please, don't change the original plan because of this. I was

also so surprised _____. From now, I promise

to consider you first in order to save the time and money. Now, I am ready

_____.

Next time, I will be more careful _____. Don't

hesitate to contact me anytime in order to ask questions! I hope to see you

soon in order to explain more to you.

Sincerely,

Steven

Write in English

아래 힌트 어휘를 참고하면서 해석을 보고 이메일 라이팅을 해 보세요.

제가 그것을 놓치고 말았습니다. 제가 그것을 하는 것을 잊어버리고 있었습니다. 제가 얘기해 드리기 위해 당신에게 전화하려고 시도했지만 제시간에 당신께 전화하기에는 너무 바빴습니다. 저는 그 문제에 대해서 당신께 사과하고 싶습니다. 제가 당신께 좀 더 일찍 알려드렸어야 했는데 얼마간의 손해를 피하기에는 너무 늦어 버렸습니다. 이것 때문에 원래 계획을 바꾸지 말아주시길 바랍니다. 저도 역시 저의 실수를 깨닫고 많이 놀랐습니다. 지금부터 시간과 돈을 아끼기 위해 당신을 먼저 고려할 것을 약속 드리겠습니다. 저는 이제 다시 시도할 준비가 되어 있습니다.

다음 번에는 날짜를 선택하는 데 제가 좀 더 조심하겠습니다. 주저하지 마시고 질문할 것이 있으면 물어보기 위해 언제든지 저에게 연락해 주시길 바랍니다. 당신께 더 많은 설명을 드리기 위해 당신을 곧 만나 뵙기를 바랍니다.

- **to do** 하는 것 ● **to call** 전화하는 것 ● **in order to tell** 얘기해 드리기 위해 ● **too busy to call** 전화하기에는 너무 바쁜 ● **on time** 제시간에
- **to apologize to you** 당신께 사과하는 것 ● **for the trouble** 그 문제에 대해 ● **should have notified** 알려드렸어야 했습니다
- **too late to avoid** 피하기에는 너무 늦은 ● **some** 약간의, 얼마간의 ● **loss** 손해 ● **surprised to realize** 깨닫고 놀란 (= 깨달은 것에 놀란)
- **mistake** 실수 ● **to consider** 고려할 것 ● **in order to save** 아끼기 위해 ● **ready to try again** 다시 시도할 준비가 되어 있는
- **will** ~하겠습니다 (미래) ● **more careful to choose** 선택하는 데 좀 더 조심하는 ● **hesitate** 주저하다 ● **contact** 연락하다
- **in order to ask questions** 질문할 것이 있으면 물어보기 위해 ● **in order to explain** 설명을 드리기 위해

Write it RIGHT

완성된 이메일을 보고 올바로 써 본 후, 네이티브 스피커의 음성을 잘 듣고 큰 소리로 따라 읽어 보세요.

Dear Jason,

I missed it. I forgot to do it. I tried to call you in order to tell, but I was too busy **to call you on time.** I want to apologize to you for the trouble.

I should have notified you earlier, but it was too late **to avoid some loss.**

Please, don't change the original plan because of this. I was also so surprised **to realize my mistake.** From now, I promise to consider you first in order to save the time and money. Now, I am ready **to try again.**

Next time, I will be more careful **to choose the date.** Don't hesitate to contact me anytime in order to ask questions! I hope to see you soon in order to explain more to you.

Sincerely,

Steven

이메일 더x2 확장하기

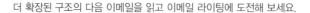

더 확장된 구조의 다음 이메일을 읽고 이메일 라이팅에 도전해 보세요.

Jason에게,

제가 그것을 놓치고 말았습니다. 제가 그것을 하는 것을 잊어버리고 있었습니다. 제가 얘기해드리기 위해 당신에게 전화하려고 시도했지만 제시간에 당신께 전화하기에는 너무 바빴습니다. 제가 그것을 잊어버릴 만큼 바빴습니다. 저는 그 문제에 대해서 당신께 사과하고 싶습니다.

제가 당신께 좀 더 일찍 알려드렸어야 했는데 얼마간의 손해를 피하기에는 너무 늦어 버렸습니다. 그러나 우리는 그 손해를 회복할 만큼 충분히 안정되어 있습니다. 이것 때문에 원래 계획을 바꾸지 말아주시길 바랍니다. 저도 역시 저의 실수를 깨닫고 많이 놀랐습니다. 지금부터 시간과 돈을 아끼기 위해 당신을 먼저 고려할 것을 약속 드리겠습니다. 저는 이제 다시 시도할 준비가 되어 있습니다. 다음 번에는 날짜를 선택하는 데 제가 좀 더 조심하겠습니다. 그 날짜를 정확하게 지킬 만큼 충분히 조심하겠습니다. 주저하지 마시고 질문할 것이 있으면 물어보기 위해 언제든지 저에게 연락해 주시길 바랍니다. 당신께 더 많은 설명을 드리기 위해 당신을 곧 만나 뵙기를 바랍니다.

Steven 올림

Complete
the E-MAIL

이메일을 영어로 옮길 때 빈칸에 들어갈 알맞은 말을 써 보세요.

Dear Jason,

I missed it. I forgot to do it. I tried to call you in order to tell, but I was too busy to call you on time. _____. I want to apologize to you for the trouble.

I should have notified you earlier, but it was too late to avoid some loss.

_____.

Please, don't change the original plan because of this. I was also so surprised to realize my mistake. From now, I promise to consider you first in order to save the time and money. Now, I am ready to try again.

Next time, I will be more careful to choose the date. _____

_____. Don't hesitate to contact me anytime in order to ask questions! I hope to see you soon in order to explain more to you.

Sincerely,

Steven

Write in English

아래 힌트 어휘를 참고하면서 해석을 보고 이메일 라이팅을 해 보세요.

———————————————————————

———————————————————————

———————————————————————

———————————————————————

———————————————————————

———————————————————————

———————————————————————

———————————————————————

———————————————————————

———————————————————————

———————————————————————

———————————————————————

———————————————————————

———————————————————————

———————————————————————

———————————————————————

제가 그것을 놓치고 말았습니다. 제가 그것을 하는 것을 잊어버리고 있었습니다. 제가 얘기해 드리기 위해 당신에게 전화하려고 시도했지만 제시간에 당신께 전화하기에는 너무 바빴습니다. 제가 그것을 잊어버릴 만큼 바빴습니다. 저는 그 문제에 대해서 당신께 사과하고 싶습니다.

제가 당신께 좀 더 일찍 알려드렸어야 했는데 얼마간의 손해를 피하기에는 너무 늦어 버렸습니다. 그러나 우리는 그 손해를 회복할 만큼 충분히 안정되어 있습니다. 이것 때문에 원래 계획을 바꾸지 말아주시길 바랍니다. 저도 역시 저의 실수를 깨닫고 많이 놀랐습니다. 지금부터 시간과 돈을 아끼기 위해 당신을 먼저 고려할 것을 약속 드리겠습니다. 저는 이제 다시 시도할 준비가 되어 있습니다.

다음 번에는 날짜를 선택하는 데 제가 좀 더 조심하겠습니다. 그 날짜를 정확하게 지킬 만큼 충분히 조심하겠습니다. 주저하지 마시고 질문할 것이 있으면 물어보기 위해 언제든지 저에게 연락해 주시길 바랍니다. 당신께 더 많은 설명을 드리기 위해 당신을 곧 만나 뵙기를 바랍니다.

●**forgot to** ~하는 것을 잊어버리고 있었습니다 ●**tried to** ~하려고 시도했습니다 ●**in order to tell** 얘기해드리기 위해
●**too ~ to** ~하기에는 너무 ~한 ●**on time** 제시간에 ●**was busy enough to** ~할 만큼 바빴습니다 ●**to apologize** 사과하는 것
●**should have notified** 알려드렸어야 했습니다 ●**was too late** 너무 늦어 버렸습니다 ●**avoid** 피하다 ●**some loss** 얼마간의 손해
●**are steady enough to** ~할 만큼 충분히 안정되어 있습니다 ●**recover** 회복하다 ●**surprised to realize** 깨닫고 놀란 (=깨달은 것에 놀란)
●**to consider** 고려할 것 ●**ready to try** 시도할 준비가 되어 있는 ●**more careful to choose** 선택하는 데 좀 더 조심하는
●**be careful enough to keep** ~을 지킬 만큼 충분히 조심하다 ●**exactly** 정확하게 ●**ask questions** 질문할 것이 있으면 물어보다
●**explain more** 더 많은 설명을 드리다

Write it RIGHT

완성된 이메일을 보고 올바로 써 본 후, 네이티브 스피커의 음성을 잘 듣고 큰 소리로 따라 읽어 보세요.

Dear Jason,

I missed it. I forgot to do it. I tried to call you in order to tell, but I was too busy to call you on time. **I was busy enough to forget it.** I want to apologize to you for the trouble.

I should have notified you earlier, but it was too late to avoid some loss. **However, we are steady enough to recover the loss.** Please, don't change the original plan because of this. I was also so surprised to realize my mistake. From now, I promise to consider you first in order to save the time and money. Now, I am ready to try again.

Next time, I will be more careful to choose the date. **I will be careful enough to keep the date exactly.** Don't hesitate to contact me anytime in order to ask questions! I hope to see you soon in order to explain more to you.

Sincerely,

Steven

DAY 42

지각동사

지각동사 see, feel, hear, smell 같이 동물이나 사람이 생명을 유지하고 활동하는 데 있어서 필수적이고 기본적인 기능과 감각을 말하는 단어를 말한다.

지각동사의 강조 내용상 '～하는 것을'이라는 뜻을 지닌 to가 필요함에도 불구하고 to를 생략해 간결하게 줄임으로써 지각동사의 사용을 강조한다.

Ex. I hear people **to shout**. (X) 저는 사람들이 **외치는 것을** 들어요.

→ I hear people **shout**. (O) 저는 사람들이 **외치는 것을** 들어요.

시작 시간 _____년 _____월 _____일 _____시 _____분

마친 시간 _____년 _____월 _____일 _____시 _____분   총 연습 시간 _____분

어구 시작하기

지각동사를 시제와 인칭에 맞게 써 보기

다음 어구를 영어로 써 보세요.

보다 ▸ *see*

보았다 ▸

보다 3인칭 ▸

듣다 ▸ *hear*

들었다 ▸

듣다 3인칭 ▸

주시하다 ▸ *watch*

주시했다 ▸

주시하다 3인칭 ▸

우연히 듣다 ▸ *overhear*

우연히 들었다 ▸

우연히 듣다 3인칭 ▸

관찰하다 ▸ *observe*

관찰했다 ▸

관찰하다 3인칭 ▸

냄새 맡다 ▸ *smell*

냄새 맡았다 ▸

냄새 맡다 3인칭 ▸

바라보다 ▸ *look at*

바라보았다 ▸

바라보다 3인칭 ▸

느끼다 ▸ *feel*

느꼈다 ▸

느끼다 3인칭 ▸

다음 페이지에서 정답을 확인하세요.

Check it out
완성 어구 **확인하기**

완성 어구를 확인하고 여러 번 쓰고 읽어 보세요. MP3 42-01

보다	▸ see		듣다	▸ hear
보았다	▸ saw		들었다	▸ heard
보다 3인칭	▸ sees		듣다 3인칭	▸ hears
주시하다	▸ watch		우연히 듣다	▸ overhear
주시했다	▸ watched		우연히 들었다	▸ overheard
주시하다 3인칭	▸ watches		우연히 듣다 3인칭	▸ overhears
관찰하다	▸ observe		냄새 맡다	▸ smell
관찰했다	▸ observed		냄새 맡았다	▸ smelled
관찰하다 3인칭	▸ observes		냄새 맡다 3인칭	▸ smells
바라보다	▸ look at		느끼다	▸ feel
바라보았다	▸ looked at		느꼈다	▸ felt
바라보다 3인칭	▸ looks at		느끼다 3인칭	▸ feels

(문장.) 시작하기

'주어 + 지각동사'로 기본 문장 만들기

오른쪽에 주어진 단어를 참고로
다음 문장을 영어로 써 보세요.

1 저는 보아요.

(　　　　　　　)

2 그 감독관이 주시해요.

(　　　　　　　)

3 그 카메라들이 관찰해요.

(　　　　　　　)

4 그들은 바라보아요.

(　　　　　　　)

5 저는 들어요.

(　　　　　　　)

6 그녀는 우연히 들었어요.

(　　　　　　　)

7 그는 냄새 맡아요.

(　　　　　　　)

8 저는 느껴요.

(　　　　　　　)

- *camera*
- *feel*
- *supervisor*
- *observe*
- *smell*
- *overhear*
- *watch*

다음 페이지에서 정답을 확인하세요.

문장 확장하기 ┄┄┄┄┄┄▶

> 지각동사의 목적어 쓰기
> → '주어 + 지각동사 + 목적어'의 어순 만들기

확장된 다음 문장을 영어로 써 보세요.

1 저는 사람들을 보아요.

I see _____.

- *someone*
- *anyone*
- *people*

2 그 감독관이 저를 주시해요.

The supervisor watches _____.

- *situation*
- *me*

3 그 카메라들이 누구든 관찰해요.

The cameras observe _____.

4 그들은 그 상황을 바라보아요.

They look at _____.

5 저는 누군가를 들어요.

I hear _____.

Day 42. 지각동사   185

6 그녀는 James를 우연히 들었어요.

She overheard _____.

7 그는 뭔가 냄새를 맡아요.

He smells _____.

8 저는 벌레 한 마리를 느껴요.

I feel _____.

• *insect*

• *something*

다음 페이지에서 정답을 확인하세요.

문장 **더** 확장하기 EXPAND WRITING +

더 확장된 다음 문장을 영어로 써 보세요.

목적어의 동작을 나타내는 동사 쓰기
'지각동사 + 목적어 + 동사원형'

1 저는 사람들이 사용하는 것을 보아요.

I see people

.

2 그 감독관이 제가 일하는 것을 주시해요.

The supervisor watches me

.

3 그 카메라들이 누구든 들어오는 것을 관찰해요.

The cameras observe anyone

.

4 그들은 그 상황이 변하는 것을 바라보아요.

They look at the situation

.

5 저는 누군가 여는 것을 들어요.

I hear someone

.

6 그녀는 James가 얘기하는 것을 우연히 들었어요.

She overheard James   .

_____

7 그는 뭔가 타는 냄새를 맡아요.

He smells something   .

_____

8 저는 벌레 한 마리가 기어가는 것을 느껴요.

I feel an insect   .

_____

다음 페이지에서 정답을 확인하세요.

문장 더 ×2 확장하기

> ### 명사, 부사, 전치사구를 추가해
> ### 내용을 좀 더 풍부하게 마무리 짓기

더 확장된 다음 문장을 영어로 써 보세요.

1 저는 사람들이 iPod를 매일 사용하는 것을 보아요.

I see people use _____ .

2 그 감독관이 제가 사무실에서 일하는 것을 주시해요.

The supervisor watches me work _____ .

3 그 카메라들이 누구든 로비로 들어오는 것을 관찰해요.

The cameras observe anyone enter _____ .

4 그들은 그 상황이 점차 변하는 것을 바라보아요.

They look at the situation change _____ .

5 저는 누군가 밤에 조용히 그 문을 여는 것을 들어요.

I hear someone open _____ .

- silently
- in
- office
- every day
- at
- gradually
- door
- lobby
- night

Day 42. 지각동사   189

6 그녀는 James가 화장실에서 그녀에 대해서 얘기하는 것을 우연히 들었

어요.

She overheard James talk   .

            • *restroom*

            • *in*

            • *neck*

            • *kitchen*

7 그는 뭔가 부엌에서 타는 냄새를 맡아요.

He smells something burn   .

            • *around*

8 저는 벌레 한 마리가 제 목 주변에 기어가는 것을 느껴요.

I feel an insect crawl   .

〈완성 문장 확인하기〉에서 정답을 확인하세요.

(문장 통으로.) 쓰기

이번에는 전체 문장을 통으로 써 보세요.

1 저는 사람들이 iPod를 매일 사용하는 것을 보아요.

2 그 감독관이 제가 사무실에서 일하는 것을 주시해요.

3 그 카메라들이 누구든 로비로 들어오는 것을 관찰해요.

4 그들은 그 상황이 점차 변하는 것을 바라보아요.

5 저는 누군가 밤에 조용히 그 문을 여는 것을 들어요.

6   그녀는 James가 화장실에서 그녀에 대해서 얘기하는 것을 우연히 들었어요.

7   그는 뭔가 부엌에서 타는 냄새를 맡아요.

8   저는 벌레 한 마리가 제 목 주변에 기어가는 것을 느껴요.

📖 다음 페이지에서 정답을 확인하세요.

Check it out
완성 문장 확인하기

완성 문장을 확인하고 여러 번 쓰고 읽어 보세요. MP3 42-02

1 저는 사람들이 iPod를 매일 사용하는 것을 보아요.

I see people use iPod every day.

시작········· 확장················ 더 확장··· 더×2 확장·························

2 그 감독관이 제가 사무실에서 일하는 것을 주시해요.

The supervisor watches me work in the office.

시작································· 확장····· 더 확장······· 더×2 확장·····················

3 그 카메라들이 누구든 로비로 들어오는 것을 관찰해요.

The cameras observe anyone enter the lobby.

시작····························· 확장················ 더 확장······· 더×2 확장···········

4 그들은 그 상황이 점차 변하는 것을 바라보아요.

They look at the situation change gradually.

시작················· 확장···················· 더 확장·············· 더×2 확장···········

5 저는 누군가 밤에 조용히 그 문을 여는 것을 들어요.

I hear someone open the door silently at night.

시작············ 확장···················· 더 확장······ 더×2 확장·······················

6 그녀는 James가 화장실에서 그녀에 대해서 얘기하는 것을 우연히 들었어요.

She **overheard** James **talk** about her in the restroom.

시작·································· 확장··············· 더 확장····· 더×2 확장···

7 그는 뭔가 부엌에서 타는 냄새를 맡아요.

He **smells** something **burn** in the kitchen.

시작···························· 확장···························· 더 확장······ 더×2 확장·······························

8 저는 벌레 한 마리가 제 목 주변에 기어가는 것을 느껴요.

I **feel** an insect **crawl** around my neck.

시작··········· 확장························· 더 확장········· 더×2 확장·····························

DAY 43

사역동사

사역동사 make(~에게 ~시키다, ~가 ~하게 만들다), have(~에게 ~시키다), let(~에게 ~하도록 허락하다)와 같이 누군가에게 일을 시키는 것과 관계있는 동사를 말한다.

사역동사의 강조 내용상 '~하는 것을, ~하도록'이라는 뜻을 지닌 to가 필요함에도 불구하고 to를 생략해 간결하게 줄임으로써 사역동사의 사용을 강조한다.

Ex. She let me **to go**. 그녀는 제가 **가도록/가는 것을** 허락했어요. (X)

→ She let me **go**. 그녀는 제가 **가도록/가는 것을** 허락했어요. (O)

시작 시간 _____년 ____월 ____일 ____시____분

마친 시간 _____년 ____월 ____일 ____시____분   총 연습 시간 _____분

어구 시작하기

다음 어구를 영어로 써 보세요.

사역동사를 시제와 인칭에 맞게 써 보기

만들다 ▸ *make*

만들었다 ▸

만들다 3인칭 ▸

(현재까지) 만들었다 현재완료
▸

시키다 ▸ *have*

시켰다 ▸

시키다 3인칭 ▸

(현재까지) 시켰다 현재완료
▸

허락하다 ▸ *let*

허락했다 ▸

허락하다 3인칭 ▸

(현재까지) 허락했다 현재완료
▸

돕다 ▸ *help*

도왔다 ▸

돕다 3인칭 ▸

(현재까지) 도왔다 현재완료
▸

다음 페이지에서 정답을 확인하세요.

Check it out
완성 어구 확인하기

완성 어구를 확인하고 여러 번 쓰고 읽어 보세요. MP3 43-01

만들다 ▸ **make**	허락하다 ▸ **let**
만들었다 ▸ made	허락했다 ▸ let
만들다 3인칭 ▸ makes	허락하다 3인칭 ▸ lets
(현재까지) 만들었다 현재완료 ▸ have/has made	(현재까지) 허락했다 현재완료 ▸ have/has let
시키다 ▸ **have**	돕다 ▸ **help**
시켰다 ▸ had	도왔다 ▸ helped
시키다 3인칭 ▸ has	돕다 3인칭 ▸ helps
(현재까지) 시켰다 현재완료 ▸ have/has had	(현재까지) 도왔다 현재완료 ▸ have/has helped

(문장.) 시작하기

'주어 + 사역동사'로 기본 문장 만들기

오른쪽에 주어진 단어를 참고로
다음 문장을 영어로 써 보세요.

1 우리 선생님이 만들어요.

(　　　　　　　　　　　　　　)

2 저의 삼촌이 시켰어요.

(　　　　　　　　　　　　　　)

3 그가 허락해 주었어요.

(　　　　　　　　　　　　　　)

4 그 지도교수가 도와주었어요.

(　　　　　　　　　　　　　　)

5 그 소나기가 만들었어요. ···· 현재완료

(　　　　　　　　　　　　　　)

6 저의 부모님이 시켰어요. ···· 현재완료

(　　　　　　　　　　　　　　)

- *let*
- *my*
- *shower*
- *teacher*
- *have*
- *advisor*
- *our*
- *uncle*
- *help*
- *parent*
- *make*

다음 페이지에서 정답을 확인하세요.

문장 **확장**하기 - - - - - - - ▶

> 사역동사의 목적어 쓰기
> 주어 + 사역동사 + 목적어

확장된 다음 문장을 영어로 써 보세요.

1 우리 선생님이 우리를 만들어요.

Our teacher makes _____.

- *me*

- *people*

- *student*

- *us*

2 저의 삼촌이 저에게 시켰어요.

My uncle had _____.

3 그가 저에게 허락해 주었어요.

He let _____.

4 그 지도교수가 그 학생들을 도와주었어요.

The advisor helped _____.

5 그 소나기가 사람들을 만들었어요.··· 현재완료

The shower has made _____.

6 저의 부모님이 저에게 시켰어요.··· 현재완료

My parents have had _____.

❖ 조금씩 새로운 내용이 추가되어 그 뜻이 확장될수록 전체 문장이 자연스러워진다.

다음 페이지에서 정답을 확인하세요.

문장 **더** 확장하기 EXPAND WRITING +

> 목적어의 동작을 나타내는 동사 쓰기
> 사역동사 + 목적어 + 동사원형

더 확장된 다음 문장을 영어로 써 보세요.

1 우리 선생님이 우리를 앉아 있도록 만들어요.

Our teacher makes us _____ .

2 저의 삼촌이 저에게 움직이도록 시켰어요.

My uncle had me _____ .

3 그가 저에게 머물도록 허락해 주었어요.

He let me _____ .

4 그 지도교수가 그 학생들이 고르는 것을 도와주었어요.

The advisor helped the students _____ .

5 그 소나기가 사람들을 뛰게 만들었어요. ⋯ 현재완료

The shower has made people _____ .

6 저의 부모님이 저에게 하라고 시켰어요. ⋯ 현재완료

My parents have had me _____ .

📖
다음 페이지에서 정답을 확인하세요.

문장 **더**×2 **확장**하기

> 명사, 부사, 전치사구를 추가해
> 내용을 좀 더 풍부하게 마무리 짓기

더 확장된 다음 문장을 영어
로 써 보세요.

1 우리 선생님이 우리를 시험 보는 동안에 얌전히 앉아 있도록 만들어요.

Our teacher makes us sit _____ .

2 저의 삼촌이 저에게 오른쪽으로 움직이도록 시켰어요.

My uncle had me move _____ .

3 그가 저에게 그와 함께 머물도록 허락해 주었어요.

He let me stay _____ .

4 그 지도교수가 그 학생들이 올바른 과목을 고르는 것을 도와주었어요.

The advisor helped the students choose _____ .

5 그 소나기가 사람들을 급히 뛰게 만들었어요. ⋯ 현재완료

The shower has made people run _____ .

6 저의 부모님이 저에게 설거지하라고 시켰어요. ⋯ 현재완료

My parents have had me do _____ .

〈완성 문장 확인하기〉에서 정답을 확인하세요.

(문장 통으로.) 쓰기

이번에는 전체 문장을 통으로 써 보세요.

1   우리 선생님이 우리를 시험 보는 동안에 얌전히 앉아 있도록 만들어요.

2   저의 삼촌이 저에게 오른쪽으로 움직이도록 시켰어요.

3   그가 저에게 그와 함께 머물도록 허락해 주었어요.

4   그 지도교수가 그 학생들이 올바른 과목을 고르는 것을 도와주었어요.

5   그 소나기가 사람들을 급히 뛰게 만들었어요. ··· 현재완료

6   저의 부모님이 저에게 설거지하라고 시켰어요. ··· 현재완료

📖 다음 페이지에서 정답을 확인하세요.

Check it out
완성 문장 확인하기

완성 문장을 확인하고 여러 번 쓰고 읽어 보세요. MP3 43-02

1 우리 선생님이 우리를 시험 보는 동안에 얌전히 앉아 있도록 만들어요.

Our teacher **makes** us **sit** quietly during the test.

시작·························· 확장··· 더 확장 더×2 확장·························

2 저의 삼촌이 저에게 오른쪽으로 움직이도록 시켰어요.

My uncle **had** me **move** to the right.

시작····················· 확장····· 더 확장········· 더×2 확장·················

3 그가 저에게 그와 함께 머물도록 허락해 주었어요.

He **let** me **stay** with him.

시작············· 확장····· 더 확장····· 더×2 확장···············

4 그 지도교수가 그 학생들이 올바른 과목을 고르는 것을 도와주었어요.

The advisor **helped** the students **choose** the right course.

시작·························· 확장··············· 더 확장············· 더×2 확장·············

5 그 소나기가 사람들을 급히 뛰게 만들었어요. → 현재완료

The shower **has made** people **run** hurriedly.

시작·························· 확장············· 더 확장··· 더×2 확장·············

6 저의 부모님이 저에게 설거지하라고 시켰어요. → 현재완료

My parents **have had** me **do** the dishes.

시작··················· 확장····· 더 확장 더×2 확장···············

44

동사 + 목적격 대명사 + to부정사

동사 + 목적격 대명사 동사 뒤에 me, him, her, you, them과 같은
목적격 대명사가 오는 것을 선호하는 동사들이 있다.

Ex. I **told him** and **taught him**. 저는 그에게 말해 주고 가르쳐 주었어요.

목적격 대명사 + to부정사 목적격 대명사가 무엇을 하는지 또는 무엇을 해야 하는지
말해 주기 위해 to부정사를 목적격 대명사 뒤에 쓴다.

Ex. I told **him to watch** me and taught **him to use** it.

저는 **그에게 저를 잘 보라고** 말해 주었고 그것을 **사용할 수 있도록** 가르쳐 주었어요.

시작 시간 _____ 년 _____ 월 _____ 일 _____ 시 _____ 분

마친 시간 _____ 년 _____ 월 _____ 일 _____ 시 _____ 분   총 연습 시간 _____ 분

어구 시작하기 ①

다음 어구를 영어로 써 보세요.

teach, force, tell, order, rush, want, allow, expect, encourage, persuade, advise 뒤에 목적격 대명사 쓰기

가르쳐 주었다 ▸ *taught*

나에게 가르쳐 주었다 ▸ taught

강요했다 ▸ *forced*

나에게 강요했다 ▸ forced

말해 주다 … 3인칭 ▸ *tells*

우리에게 말해 주다 ▸ tells

명령했다 ▸ *ordered*

그에게 명령했다 ▸ ordered

재촉했다 ▸ *rushed*

나에게 재촉했다 ▸ rushed

원하다 ··· 3인칭 ▸ *wants*

나에게 원하다 ▸ wants

허락하다 ··· 3인칭 ▸ *allows*

그들에게 허락하다 ▸ allows

기대하다 ▸ *expect*

너에게 기대하다 ▸ expect

격려해 주었다 ▸ *encouraged*

나에게 격려해 주었다 ▸ encouraged

설득한다 ··· 3인칭 ▸ *persuades*

우리를 설득한다 ▸ persuades

조언해 주었다 ▸ *advised*

그에게 조언해 주었다 ▸ advised

다음 페이지에서 정답을 확인하세요.

완성 어구를 확인하고 여러 번 쓰고 읽어 보세요. MP3 44-01

가르쳐 주었다 ▸ taught	허락하다 3인칭 ▸ allows
나에게 가르쳐 주었다 ▸ taught me	그들에게 허락하다 ▸ allows them
강요했다 ▸ forced	기대하다 ▸ expect
나에게 강요했다 ▸ forced me	너에게 기대하다 ▸ expect you
말해 주다 3인칭 ▸ tells	격려해 주었다 ▸ encouraged
우리에게 말해 주다 ▸ tells us	나를 격려해 주었다 ▸ encouraged me
명령했다 ▸ ordered	설득하다 3인칭 ▸ persuades
그에게 명령했다 ▸ ordered him	우리를 설득한다 ▸ persuades us
재촉했다 ▸ rushed	조언해 주었다 ▸ advised
나에게 재촉했다 ▸ rushed me	그에게 조언해 주었다 ▸ advised him
원하다 3인칭 ▸ wants	
나에게 원하다 ▸ wants me	

어구 시작하기 ②

다음 어구를 영어로 써 보세요.

동사원형에 *to*를 붙여 *to*부정사 만들기

타다 ‣ *ride*

타는 것 ‣

사다 ‣ *buy*

사는 것 (사도록) ‣

가다 ‣ *go*

가는 것 ‣

멈추다 ‣ *stop*

멈추는 것 ‣

(짐을) 싸다 ‣ *pack*

(짐을) 싸는 것 ‣

쓰다 ‣ *spend*

쓰는 것 ‣

계속하다 ‣ *continue*

계속하는 것 ‣

협력하다 ‣ *cooperate*

협력하는 것 ‣

시작하다 ‣ *start*

시작하는 것 ‣

갱신하다 ‣ *renew*

갱신하는 것 ‣

먹다 ‣ *eat*

먹는 것 ‣

다음 페이지에서 정답을 확인하세요.

어구 확장하기 — EXPAND WRITING ▶

다음 어구를 영어로 써 보세요.

> teach, force, tell, order, rush, want, allow, expect,
> encourage, persuade, advise와 to부정사 합치기
> → 동사 + 목적격 대명사 + to부정사

타는 것을 나에게 가르쳐 주었다 ▸   to ride

사도록 나에게 강요했다 ▸   to buy

가도록 우리에게 말해 준다 ▸   to go

멈추도록 그에게 명령했다 ▸   to stop

(짐을) 싸도록 나에게 재촉했다 ▸   to pack

쓰는 것을 나에게 원하다 ▸   to spend

계속하도록 그들에게 허락하다 ▸   to continue

협조하는 것을 너에게 기대하다 ▸   to cooperate

시작하도록 나에게 격려해 주었다 ▸   to start

갱신하도록 우리를 설득한다 ▸   to renew

먹도록 그에게 조언해 주었다 ▸   to eat

다음 페이지에서 정답을 확인하세요.

START WRITING （ 문장. ） 시작하기

주어를 추가해 문장 완성하기
목적어, 전치사구, 부사를 사용해 내용 구성하기

오른쪽에 주어진 단어를 참고로
다음 문장을 영어로 써 보세요.

1 저의 형은 자전거 타는 것을 저에게 가르쳐 주었어요.

（　　　　　　　　） taught me to ride （　　　　　　　　）.

2 그 남자는 그것을 사도록 저에게 강요했어요.

（　　　　　　　　） forced me to buy （　　　　　　　　）.

3 그 신호가 오른쪽으로 가도록 우리에게 말해 주잖아요.

（　　　　　　　　） tells us to go （　　　　　　　　）.

4 저는 당장 멈추도록 그에게 명령했어요.

（　　　　　　　　） ordered him to stop （　　　　　　　　）.

5 그녀는 그 짐을 싸도록 저에게 재촉했어요.

（　　　　　　　　） rushed me to pack （　　　　　　　　）.

6 그는 제가 돈을 쓰는 것을 원해요.

（　　　　　　　　） wants me to spend （　　　　　　　　）.

- *to the right*
- *money*
- *sign*
- *right away*
- *man*
- *bicycle*
- *package*
- *older brother*

7 그 분위기가 그들의 대화를 계속하도록 그들에게 허락
해 줘요.

(   ) allows them to continue

(   ).

8 저는 주요한 파트너로서 협조하는 것을 당신에게 기대
해요.

(   ) expect you to cooperate

(   ).

9 그 편지는 처음부터 시작하도록 저를 격려해 주었어요.

(   ) encouraged me to start

(   ).

10 당신의 주장은 그 계약을 갱신하도록 우리를 설득해요.

(   ) persuades us to renew

(   ).

11 그 의사는 규칙적으로 먹도록 그에게 조언해 주었어요.

(   ) advised him to eat (   ).

- *as*
- *beginning*
- *assertion*
- *letter*
- *key*
- *doctor*
- *mood*
- *partner*
- *regularly*
- *contract*
- *from*
- *conversation*

〈완성 문장 확인하기〉에서 정답을 확인하세요.

(문장 통으로.) 쓰기

이번에는 전체 문장을 통으로 써 보세요.

1 저의 형은 자전거 타는 것을 저에게 가르쳐 주었어요.

2 그 남자는 그것을 사도록 저에게 강요했어요.

3 그 신호가 오른쪽으로 가도록 우리에게 말해 주잖아요.

4 저는 당장 멈추도록 그에게 명령했어요.

5 그녀는 그 짐을 싸도록 저에게 재촉했어요.

6 그는 제가 돈을 쓰는 것을 원해요.

7 그 분위기가 그들의 대화를 계속하도록 그들에게 허락해 줘요.

8 저는 주요한 파트너로서 협조하는 것을 당신에게 기대해요.

9 그 편지는 처음부터 시작하도록 저를 격려해 주었어요.

10 당신의 주장은 그 계약을 갱신하도록 우리를 설득해요.

11 그 의사는 규칙적으로 먹도록 그에게 조언해 주었어요.

📖 다음 페이지에서 정답을 확인하세요.

Check it out
완성 문장 확인하기

완성 문장을 확인하고 여러 번 쓰고 읽어 보세요. MP3 44-02

1 저의 형은 자전거 타는 것을 저에게 가르쳐 주었어요.

My older brother **taught me to ride** a bicycle.

2 그 남자는 그것을 사도록 저에게 강요했어요

The man **forced me to buy** it.

3 그 신호가 오른쪽으로 가도록 우리에게 말해 주잖아요.

The sign **tells us to go** to the right.

4 저는 당장 멈추도록 그에게 명령했어요.

I **ordered him to stop** right away.

5 그녀는 그 짐을 싸도록 저에게 재촉했어요.

She **rushed me to pack** the package.

6 그는 제가 돈을 쓰는 것을 원해요.

He **wants me to spend** the money.

7 그 분위기가 그들의 대화를 계속하도록 그들에게 허락해 줘요.

The mood **allows them to continue** their conversation.

8 저는 주요한 파트너로서 협조하는 것을 당신에게 기대해요.

I **expect you to cooperate** as a key partner.

9 그 편지는 처음부터 시작하도록 저를 격려해 주었어요.

The letter **encouraged me to start** from the beginning.

10 당신의 주장은 그 계약을 갱신하도록 우리를 설득해요.

Your assertion **persuades us to renew** the contract.

11 그 의사는 규칙적으로 먹도록 그에게 조언해 주었어요.

The doctor **advised him to eat** regularly.

DAY 45

remember, regret, forget 뒤에 to부정사와 동명사 구별해서 쓰기

to부정사 목적어로 to부정사가 오는 경우는 앞으로 해야 할 일이나 일어날 일에 대해
말하는 미래의 뉘앙스가 강하다.

Ex. I remember **to call**. 저는 **전화하는 것이** 기억나요.

동명사 목적어로 동명사가 오는 경우는 과거에 했던 일이나 일어났던 일에 대해
말하는 과거의 뉘앙스가 강하다.

Ex. I remember **calling**. 저는 **전화한 것이** 기억나요.

시작 시간 _____년 _____월 _____일 _____시 _____분

마친 시간 _____년 _____월 _____일 _____시 _____분   총 연습 시간 _____분

어구 시작하기

동사의 의미에 맞게 to부정사
또는 동명사로 만들기

다음 어구를 영어로 써 보세요.

연장하다 ▸ *extend*

연장하는 것 미래 의미로 해석 ▸

연장했던 것 과거 의미로 해석 ▸

전화하다 ▸ *call*

전화하는 것 미래 의미로 해석 ▸

전화했던 것 과거 의미로 해석 ▸

알려주다 ▸ *inform*

알려주는 것 미래 의미로 해석 ▸

알려줬던 것 과거 의미로 해석 ▸

❖ to부정사는 주로 미래의 뉘앙스, 동명사는 주로 과거의 뉘앙스를 가진다.

다음 페이지에서 정답을 확인하세요.

어구 확장하기 — EXPAND WRITING ▶

remember, regret, forget 등을
to부정사와 동명사 앞에 쓰기

다음 어구를 영어로 써 보세요.

연장하는 것을 기억한다 ⋯ 앞으로 연장할 일 ▶   to extend

연장했던 것을 기억한다 ⋯ 과거에 연장했던 일 ▶   extending

전화하는 것을 잊어버렸다 ⋯ 앞으로 전화할 일 ▶   to call

전화했던 것을 잊어버렸다 ⋯ 과거에 전화했던 일 ▶   calling

알려주는 것이 유감이다 ⋯ 앞으로 알려줄 일 ▶   to inform

알려줬던 것이 유감이다 ⋯ 과거에 알려줬던 일 ▶   informing

다음 페이지에서 정답을 확인하세요.

(문장.) 시작하기

| 주어를 추가해 문장 완성하기 | 오른쪽에 주어진 단어를 참고로 다음 문장을 영어로 써 보세요. |

1 저는 연장하는 것을 기억하고 있어요.

(　　　　　　　　　　　　　　) remember to extend.

저는 연장했던 것을 기억하고 있어요.

(　　　　　　　　　　　　　　) remember extending.

• *he*

• *teacher*

• *I*

2 그는 전화하는 것을 잊어버렸어요.

(　　　　　　　　　　　) forgot to call.

그는 전화했던 것을 잊어버렸어요.

(　　　　　　　　　　　) forgot calling.

3 그 선생님들은 알려주는 것이 유감이에요.

(　　　　　　　　　　　) regret to inform.

그 선생님들은 알려줬던 것이 유감이에요.

(　　　　　　　　　　　) regret informing.

📖
다음 페이지에서 정답을 확인하세요.

문장 확장하기 --------►

> 목적어를 추가해 좀 더 내용을
> 자연스럽고 풍성하게 하기

확장된 다음 문장을 영어로 써 보세요.

1 저는 그 날짜를 연장하는 것을 기억하고 있어요.

    I remember to extend _____.

    저는 그 날짜를 연장했던 것을 기억하고 있어요.

    I remember extending _____.

                                                      • *score*

                                                      • *date*

                                                      • *her*

2 그는 그녀에게 전화하는 것을 잊어버렸어요.

    He forgot to call _____.

    그는 그녀에게 전화했던 것을 잊어버렸어요.

    He forgot calling _____.

3 그 선생님들은 그 점수를 알려주는 것이 유감이에요.

    The teachers regret to inform _____.

    그 선생님들은 그 점수를 알려줬던 것이 유감이에요.

    The teachers regret informing _____.

〈완성 문장 확인하기〉에서 정답을 확인하세요.

Day 45. remember, regret, forget 뒤에 to부정사와 동명사 구별해서 쓰기　221

(문장 통으로.) 쓰기

이번에는 전체 문장을 통으로 써 보세요.

1 저는 그 날짜를 연장하는 것을 기억하고 있어요.

저는 그 날짜를 연장했던 것을 기억하고 있어요.

2 그는 그녀에게 전화하는 것을 잊어버렸어요.

그는 그녀에게 전화했던 것을 잊어버렸어요.

3 그 선생님들은 그 점수를 알려주는 것이 유감이에요.

그 선생님들은 그 점수를 알려줬던 것이 유감이에요.

📖 다음 페이지에서 정답을 확인하세요.

Check it out
완성 문장 **확인하기**

완성 문장을 확인하고 여러 번 쓰고 읽어 보세요. MP3 45-01

① 저는 그 날짜를 연장하는 것을 기억하고 있어요.

I **remember to extend** the date.

시작·· 확장··················

저는 그 날짜를 연장했던 것을 기억하고 있어요.

I **remember extending** the date.

시작·· 확장··················

② 그는 그녀에게 전화하는 것을 잊어버렸어요.

He **forgot to call** her.

시작··································· 확장······

그는 그녀에게 전화했던 것을 잊어버렸어요.

He **forgot calling** her.

시작···································· 확장·····

③ 그 선생님들은 그 점수를 알려주는 것이 유감이에요.

The teachers **regret to inform** the score.

시작··· 확장·····················

그 선생님들은 그 점수를 알려줬던 것이 유감이에요.

The teachers **regret informing** the score.

시작··· 확장··················

WRITiNG
영어
라이팅훈련
TRAIN ing

본 도서는 기출간된 〈영어 라이팅 훈련 실천 다이어리〉의 2nd Edition입니다.

영어 라이팅 훈련 EMAIL Writing 2nd Edition

저자 | 한일
초판 1쇄 발행 | 2012년 2월 24일
개정 1쇄 발행 | 2020년 6월 18일
개정 2쇄 발행 | 2022년 3월 25일

발행인 | 박효상
편집장 | 김현
기획 · 편집 | 장경희, 하나래
디자인 | 임정현
본문 · 표지 디자인 | 박성미
마케팅 | 이태호, 이전희
관리 | 김태옥

종이 | 월드페이퍼
인쇄 · 제본 | 예림인쇄 · 바인딩

출판등록 | 제10-1835호
발행처 | 사람in
주소 | 04034 서울시 마포구 양화로11길 14-10(서교동 378-16) 3F
전화 | 02) 338-3555(代)   팩스 | 02) 338-3545
E-mail | saramin@netsgo.com
Website | www.saramin.com

:: 책값은 뒤표지에 있습니다.
:: 파본은 바꾸어 드립니다.

ⓒ 한일 2020

ISBN 978-89-6049-836-5 14740
      978-89-6049-834-1(set)

우아한 지적만보, 기민한 실사구시 **사람in**

라이팅 코치를 위한 친절한
Learning Theory

각 코너 별 라이팅 훈련 시 아래 사항들에 유의하여 훈련할 수 있도록 지도해주세요.

LEARNING THEORY 1

한국말 문장에는 주어가 없더라도 영어에는 항상 있다는 점을 기억하세요. 한국말에서 주어를 생략하고 말하는 현상을 '내용에 따른 주어 생략(subject deletion context)'이라고 하고, 영어에서 항상 주어를 써 줘야 하는 현상은 '고정된 주어(subject fixation)'라고 합니다. 한국말 문장에서는 주어가 안 보이더라도 영어로 옮길 때는 항상 내용상 필요한 주어를 써 줘야 한다는 것을 잊지 마세요.
Ex. 그것들을 보내 줄 수 있겠습니까? ⋯▶ 주어 you 필요

　빠른 답변 주시면 감사하겠습니다. ⋯▶ 주어 I 필요

LEARNING THEORY 2

영어의 기본 문장 구조는 '주어 + 동사 + 목적어'입니다. 반면 한국어는 '주어 + 목적어 + 동사'라는 다른 순서를 가지고 있으므로 그 차이점을 학습 초기부터 깨달을 수 있도록 기본 문장 훈련을 많이 시키는 것이 필요합니다.

LEARNING THEORY 3

모든 영어 문장 속에 지금처럼 전치사를 여러 개 사용할 수 있는 것은 아닙니다. 그러나 한국말에서는 영어의 전치사와 같은 말을 그 순서나 개수에 상관 없이 자유롭게 쓸 수 있다 보니 서로 상충되는 면이 생기게 됩니다. 이렇게 두 언어가 유사한 기능의 문법을 가졌으나 사용 방식에 차이를 보일 때는 학습자의 모국어의 방식에 따라서 먼저 익히게 하는 것이 효과적입니다. 비록 영어적으로는 어색하고 실수처럼 보이지만, 학습자가 해당 문법을 모국어에 맞추기 위해 의도적으로 만든 어색함이나 실수는 시간이 지남에 따라 스스로 수정하는 학습적 효과(self-revision effect)를 가져옵니다. 따라서 전치사구의 문법적 순서를 지나치게 강조하기 보다는 일단 학습자가 쓸 수 있는 만큼 최대한(maximum)으로 써보게 한 후, 문장을 늘리는 것이 더 좋은 수업 효과를 가져올 수 있습니다.

LEARNING THEORY 4

Paragraph Writing을 할 때는 내용을 조금씩 보강해갈수록 복잡한 문장에 점점 익숙해지게 하여 원하는 목표에 가까워질 수 있습니다. Story Writing은 작은 단위에서부터 조금씩 문장을 확장해감으로써 나중에는 다양한 문법이 섞인 복잡한 구조의 문장을 직접 쓰고 이해할 수 있도록 하였습니다. 이 단계는 다음의 3가지 Skinner가 제시하는 스텝을 응용해서 구성하였습니다.

① Clearly specify the goal. (목표를 뚜렷히 할 것 – 어떤 문법이 들어간 문장을 쓸지 명확히 노출해야 합니다.)

② Break down the task, simple to complex. (간단한 과제에서 복잡한 과제로 유도합니다.)

③ Adjust so that the student is always successful until finally the goal is reached. (항상 학생이 성공적으로 문장을 쓸 수 있도록 다양한 도움과 tool을 제공해서 마지막 스토리를 쓸 수 있도록 합니다.)

LEARNING THEORY 5

학습 이론 중 학습 목표가 되는 문법을 여러 번 반복적으로 보여줌으로써 눈에 띄게 하는 방법이 있습니다. 단 하나밖에 없는 것도 기억에 남지만 동일한 문법 구조를 가진 것이 지나치게 많아도 눈에 띄고 기억이 되는 학습 효과를 염두에 두고 구성하였습니다. ➡ Marked Abundance

LEARNING THEORY 6

E-maill Writing에서 제시하고 있는 우리말 이메일의 어투가 우리말로만 읽었을 때는 조금 어색할 수 있습니다. 그 이유는 첫째, 학습자들이 e-mail을 영어(target language)로 옮기기에 용이하도록 단어 배치를 해서 그렇습니다. 둘째, 학습목표가 되는 문법의 Marked Abundance 때문에 그렇습니다. 우리말 해석의 자연스러움보다 학습 효과를 극대화하는 데 초점을 맞추어 특수하게 디자인 된 스토리라는 점을 양지해 주시기 바랍니다.

LEARNING THEORY 7

영어에서 관사(a, an, the)의 쓰임은 한국말보다 훨씬 더 두드러집니다. a, an, the를 어떠한 단어 앞에 써야 할지 말아야 할지는 시간이 많이 걸리더라도 관사가 들어 있는 다양한 영어 문장을 접해봄으로써 내용을 보고 정할 수 있도록 훈련시키는 것이 좋습니다. 영어에는 있는데(Ex. 관사 a, an, the) 한국어에는 없거나 중요하지 않게 다뤄지는 문장 요소가 있을 경우 지나치게 문법적인 규칙을 주입시키는 것보다 경험을 통해 이해시키는 것이 효과적입니다. ➡ Inductive Teaching

CONTENTS

E-mail
Day 31-45

E-mail
Day 46-
60

DAY 46

자주 사용되는 조동사 1

조동사 일반동사에 부가적인 뜻을 더해 내용이 좀더 풍부해지도록 도와주는 동사를 말한다.
일반동사의 '시제'나 '인칭'을 변환하지 않아도 되므로 동사 사용이 쉽다.

can 능력이나 허락을 나타내는 조동사이다. 주로 '〜할 수 있다, 〜해도 된다'로 해석한다.

could can의 과거 또는 can의 약한 미래로 사용된다. 주로 '〜할 수 있었다(과거)'
또는 '〜할 수 있을 거야(미래)'로 해석한다.

should 의무나 충고를 나타내는 조동사이다. 주로 '〜해야 된다'로 해석한다.

ought to should와 해석은 같지만 더 강한 의무나 충고를 나타낸다.

시작 시간 _____ 년 _____ 월 _____ 일 _____ 시 _____ 분

마친 시간 _____ 년 _____ 월 _____ 일 _____ 시 _____ 분   총 연습 시간 _____ 분

① START WRITING

어구 시작하기

조동사와 동사원형 합치기
→ 조동사 + 동사원형

할 수 있다 … 일반적인 능력, 열심히 해보겠다는 뜻 ▶ can

합격하다 ▶ pass

합격할 수 있다 ▶

할 수 있다 … 거의 100% 해낼 수 있는 전문가적인 능력 ▶ be able to

해결하다 ▶ solve

해결할 수 있다 ▶

* be able to는 구체적이고 실질적으로 해낼 수 있는 능력을 말하며 거의 100% 해낼 수 있는 능력이란 뉘앙스가 강해진다. 따라서 I can do it보다 I am able to do it이 더 자신감 있는 말이 된다. 하지만 be able to를 써서 말했는데 못 해냈을 경우 너무 과장했거나 심한 경우 거짓말했다는 인상을 줄 수도 있다.

할 수 있을 것이다 … can보다 약한 현재나 미래의 능력 · 가능성 ▶ could

돕다 ▶ help

도울 수 있을 것이다 ▶

할 수 있었다 ┈ can의 과거 ▸ could

설득하다 ▸ persuade

설득할 수 있었다 ▸

해야 한다 ┈ 가벼운 의무 · 충고 · 책임 ▸ should

나누다 ▸ share

나눠야 한다 ▸

해야만 한다 ┈ should보다 좀 더 강한 의무 · 충고 · 책임 ▸ ought to

연락하다 ▸ contact

연락해야만 한다 ▸

📖
다음 페이지에서 정답을 확인하세요.

완성 어구를 확인하고 여러 번 쓰고 읽어 보세요. MP3 46-01

할 수 있다 ⋯ 일반적인 능력, 열심히 해보겠다는 뜻 ▸ can

합격하다 ▸ pass

합격할 수 있다 ▸ **can pass**

할 수 있다 ⋯ 거의 100% 해낼 수 있는 전문가적인 능력 ▸ be able to

해결하다 ▸ solve

해결할 수 있다 ▸ **be able to solve**

할 수 있을 것이다 ⋯ can보다 약한 현재나 미래의 능력 · 가능성 ▸ could

돕다 ▸ help

도울 수 있을 것이다 ▸ **could help**

할 수 있었다 ⋯ can의 과거 ▸ could

설득하다 ▸ persuade

설득할 수 있었다 ▸ **could persuade**

해야 한다 ⋯ 가벼운 의무·충고·책임 ▸ should

나누다 ▸ share

나눠야 한다 ▸ **should share**

해야만 한다 ⋯ should보다 좀 더 강한 의무·충고·책임 ▸ ought to

연락하다 ▸ contact

연락해야만 한다 ▸ **ought to contact**

(문장.) 시작하기

주어를 추가해 문장 만들기

오른쪽에 주어진 단어를 참고로
다음 문장을 영어로 써 보세요.

1 당신은 합격할 수 있어요. ···· 일반적인 능력

( )

2 그는 해결할 수 있어요. ···· 100%에 가까운 능력

( )

3 그녀가 도와줄 수 있을 거예요. ···· can보다 약한 미래의 가능성

( )

4 제가 설득할 수 있었어요. ···· can의 과거

( )

5 우리는 나눠야 해요. ···· 가벼운 충고

( )

6 당신은 연락해야만 해요. ···· should보다 강한 충고

( )

- *could*
- *help*
- *contact*
- *be able to*
- *persuade*
- *ought to*
- *can*
- *pass*
- *share*
- *should*

다음 페이지에서 정답을 확인하세요.

목적어를 추가해 좀 더 내용이 풍부한 문장 만들기

확장된 다음 문장을 영어로 써 보세요.

1 당신은 그 시험에 합격할 수 있어요.

You can pass _____ .

• *income*

• *you*

• *them*

2 그는 그 문제를 해결할 수 있을 거예요.

He is able to solve _____ .

• *test*

• *him*

3 그녀가 당신을 도와줄 수 있을 거예요.

She could help _____ .

• *problem*

4 제가 그들을 설득할 수 있었어요.

I could persuade _____ .

5 우리는 그 소득을 나눠야 해요.

We should share _____ .

6 당신은 그에게 연락해야만 해요.

You ought to contact _____ .

〈완성 문장 확인하기〉에서 정답을 확인하세요.

(문장 통으로.) 쓰기   **WRITE** IT OUT

이번에는 전체 문장을 통으로 써 보세요.

1 당신은 그 시험에 합격할 수 있어요.

2 그는 그 문제를 해결할 수 있을 거예요.

3 그녀가 당신을 도와줄 수 있을 거예요.

4 제가 그들을 설득할 수 있었어요.

5 우리는 그 소득을 나눠야 해요.

6 당신은 그에게 연락해야만 해요.

📖 다음 페이지에서 정답을 확인하세요.

14   영어 라이팅 훈련 E-mail writing

Check it out
완성 문장 확인하기

완성 문장을 확인하고 여러 번 쓰고 읽어 보세요. MP3 46-02

1 당신은 그 시험에 합격할 수 있어요.

You **can** pass the test.

시작·································· 확장··················

2 그는 그 문제를 해결할 수 있을 거예요.

He **is able to** solve the problem.

시작····································· 확장······························

3 그녀가 당신을 도와줄 수 있을 거예요.

She **could** help you.

시작······························· 확장······

4 제가 그들을 설득할 수 있었어요.

I **could** persuade them.

시작····························· 확장··········

5 우리는 그 소득을 나눠야 해요.

We **should** share the income.

시작······························ 확장·······················

6 당신은 그에게 연락해야만 해요.

You **ought to** contact him.

시작································· 확장·······

SENTENCE WRITING

47

자주 사용되는 조동사 2

have to ought to보다 강한 의무나 충고를 나타낸다. 주로 '～해야만 한다'로 해석한다.

must have to와 해석은 비슷하나 훨씬 더 강한 의무나 충고를 나타낸다.

be supposed to should, have to, must를 직접 사용하는 대신 좀 더 완곡하고
부드럽게 의무나 충고를 나타낼 때 쓴다.

be to be supposed to의 강조 표현이다.

may 추측이나 공손한 허락을 나타낸다. 주로 '～일지도 모른다' 또는 ～해도 좋다'로 해석한다.

might may의 과거로도 쓰고 may보다 좀 더 불확실한 추측을 나타낼 때도 쓴다.

시작 시간 _____년 _____월 _____일 _____시 _____분

마친 시간 _____년 _____월 _____일 _____시 _____분   총 연습 시간 _____분

어구 시작하기

조동사와 동사원형 합치기
→ 조동사 + 동사원형

다음 어구를 영어로 써 보세요.

해야만 한다 ⋯ ought to보다 강한 충고·의무·책임 ▸ have to

가지고 오다 ▸ bring

가지고 와야만 한다 ▸

(반드시) 해야만 한다 ⋯ have to보다 강한 충고·의무·책임 ▸ must

제출하다 ▸ submit

(반드시) 제출해야만 한다 ▸

하기로 되어 있다 ⋯ have to보다 완곡한 의무·충고 ▸ be supposed to

보다 ▸ see

보기로 되어 있다 ▸

하기로 되어 있다 ⋯ be supposed to보다 강한 말투 ▸ be to

참석하다 ▸ attend

참석하기로 되어 있다 ▸

할지도 모른다 ⋯ 50% 정도의 가능성 · 추측 ▸ may

주다 ▸ give

줄지도 모른다 ▸

할지도 모른다 ⋯ may보다 약한 가능성, may의 과거 ▸ might

바꾸다 ▸ change

바꿀지도 모른다 ▸

다음 페이지에서 정답을 확인하세요.

Check it out
완성 어구 확인하기

완성 어구를 확인하고 여러 번 쓰고 읽어 보세요. MP3 47-01

해야만 한다 ⋯ ought to보다 강한 충고·의무·책임 ▸ have to

가지고 오다 ▸ bring

가지고 와야만 한다 ▸ **have to bring**

(반드시) 해야만 한다 ⋯ have to보다 강한 충고·의무·책임 ▸ must

제출하다 ▸ submit

(반드시) 제출해야만 한다 ▸ **must submit**

하기로 되어 있다 ⋯ have to보다 완곡한 의무·충고 ▸ be supposed to

보다 ▸ see

보기로 되어 있다 ▸ **be supposed to see**

하기로 되어 있다 ⋯ be supposed to보다 강한 말투 ▸ be to

참석하다 ▸ attend

참석하기로 되어 있다 ▸ **be to attend**

할지도 모른다 ⋯ 50% 정도의 가능성 · 추측 ▸ may

주다 ▸ give

줄지도 모른다 ▸ **may give**

할지도 모른다 ⋯ may보다 약한 가능성, may의 과거 ▸ might

바꾸다 ▸ change

바꿀지도 모른다 ▸ **might change**

(문장.) 시작하기

주어를 추가해 문장 만들기

오른쪽에 주어진 단어를 참고로
다음 문장을 영어로 써 보세요.

1 당신은 가지고 와야만 해요.

　　(　　　　　　　　　　　　　　　)

2 새로 온 사람들은 (반드시) 제출해야만 해요.

　　(　　　　　　　　　　　　　　　)

3 저는 보기로 되어 있는데요.

　　(　　　　　　　　　　　　　　　)

4 그녀는 참석하기로 되어 있어요. ···› 결정되어 있는 사항

　　(　　　　　　　　　　　　　　　)

5 그들이 줄지도 몰라요.

　　(　　　　　　　　　　　　　　　)

6 그들이 바꿀지도 몰라요.

　　(　　　　　　　　　　　　　　　)

- *must*
- *change*
- *may*
- *submit*
- *newcomer*
- *be to*
- *might*
- *attend*
- *give*
- *bring*
- *be supposed to*
- *have to*
- *see*

다음 페이지에서 정답을 확인하세요.

문장 확장하기 ┄┄┄┄┄┄▶

목적어를 추가해 좀 더 내용이 풍부한 문장 만들기

확장된 다음 문장을 영어로 써 보세요.

1 당신은 당신의 표를 가지고 와야만 해요.

You have to bring _____.

• *mind*

• *information*

• *their*

2 새로 온 사람들은 (반드시) 신상명세서를 제출해야만 해요.

Newcomers must submit _____.

• *extra*

• *ticket*

3 저는 그녀를 보기로 되어 있는데요.

I am supposed to see _____.

• *personal*

• *time*

4 그녀는 그 세미나에 참석하기로 되어 있어요. ┄ 결정되어 있는 사항

She is to attend _____.

• *your*

• *seminar*

5 그들이 여분의 시간을 줄지도 몰라요.

They may give _____.

6 그들이 자신들의 마음을 바꿀지도 몰라요.

They might change _____.

📖
〈완성 문장 확인하기〉에서 정답을 확인하세요.

(문장 통으로.) 쓰기 **WRITE** IT OUT

이번에는 전체 문장을 통으로 써 보세요.

1 당신은 당신의 표를 가지고 와야만 해요.

2 새로 온 사람들은 (반드시) 신상명세서를 제출해야만 해요.

3 저는 그녀를 보기로 되어 있는데요.

4 그녀는 그 세미나에 참석하기로 되어 있어요. ···→ 결정되어 있는 사항

5 그들이 여분의 시간을 줄지도 몰라요.

6 그들이 자신들의 마음을 바꿀지도 몰라요.

📖 다음 페이지에서 정답을 확인하세요.

Check it out
완성 문장 **확인하기**

완성 문장을 확인하고 여러 번 쓰고 읽어 보세요. MP3 47-02

1 당신은 당신의 표를 가지고 와야만 해요.

You **have to** bring your ticket.

시작·· 확장····························

2 새로 온 사람들은 (반드시) 신상명세서를 제출해야만 해요.

Newcomers **must** submit personal information.

시작··· 확장·····························

3 저는 그녀를 보기로 되어 있는데요.

I **am supposed to** see her.

시작······································· 확장······

4 그녀는 그 세미나에 참석하기로 되어 있어요. ⋯ 결정되어 있는 사항

She **is to** attend the seminar.

시작······························· 확장·····························

5 그들이 여분의 시간을 줄지도 몰라요.

They **may** give extra time.

시작························· 확장·················

6 그들이 자신들의 마음을 바꿀지도 몰라요.

They **might** change their mind.

시작····························· 확장···················

SENTENCE WRITING

48

자주 사용되는 조동사 3

will 미래를 말할 때 쓰는 대표적인 조동사이다. 주로 '~일 것이다'로 해석한다.

be going to will보다 더 계획적이고 구체적으로 세워둔 미래를 말할 때 쓴다.

would will의 과거로 쓰며 will보다 불확실한 미래를 말할 때도 쓴다.
과거의 불규칙적인 습관을 말할 때도 쓴다.

Ex. He **would** call you tomorrow.

그가 내일 당신에게 전화할 **거예요**. (will보다 불확실한 미래)

used to 과거에 규칙적이었던 습관을 말할 때 쓴다. 주로 '(과거에) ~하곤 했다'로 해석한다.

시작 시간 _____년 ____월 ____일 ____시 ____분

마친 시간 _____년 ____월 ____일 ____시 ____분   총 연습 시간 _____분

어구 시작하기

조동사와 동사원형 합치기
→ 조동사 + 동사원형

다음 어구를 영어로 써 보세요.

할 것이다 ⋯ 미래의 가벼운 계획·의지 ▸ will

공부하다 ▸ study

공부할 것이다 ▸

할 계획이다 ⋯ 이미 하기로 마음먹은 계획된 미래, 거의 안 바뀜 ▸ be going to

만나다 ▸ meet

만날 계획이다 ▸

하려고 했다 ⋯ will의 과거 ▸ would

가지다 ▸ have

가지려고 했다 ▸

하곤 했다 ⋯ 과거에 규칙적이었던 습관 ▸ used to

가다 ▸ go

가곤 했다 ▸

하곤 했다 ⋯ 과거에 불규칙적이었던 습관 ▸ would

언급하다 ▸ mention

언급하곤 했다 ▸

다음 페이지에서 정답을 확인하세요.

Check it out
완성 어구 확인하기

완성 어구를 확인하고 여러 번 쓰고 읽어 보세요. MP3 48-01

할 것이다 ⋯ 미래의 가벼운 계획·의지	▸ will
공부하다	▸ study
공부할 것이다	▸ **will study**
할 계획이다 ⋯ 이미 하기로 마음먹은 계획된 미래, 거의 안 바뀜	▸ be going to
만나다	▸ meet
만날 계획이다	▸ **be going to meet**
하려고 했다 ⋯ will의 과거	▸ would
가지다	▸ have
가지려고 했다	▸ **would have**
하곤 했다 ⋯ 과거에 규칙적이었던 습관	▸ used to
가다	▸ go
가곤 했다	▸ **used to go**
하곤 했다 ⋯ 과거에 불규칙적이었던 습관	▸ would
언급하다	▸ mention
언급하곤 했다	▸ **would mention**

(문장.) 시작하기

주어를 추가해 문장 만들기

오른쪽에 주어진 단어를 참고로
다음 문장을 영어로 써 보세요.

1 저는 공부할 거예요. ⋯ 미래의 가벼운 계획·의지

( )

2 저는 만날 계획이에요. ⋯ 이미 하기로 마음먹은 계획된 미래, 거의 안 바뀜

( )

3 우리는 가지려고 했어요. ⋯ will의 과거

( )

4 우리는 가곤 했어요. ⋯ 과거에 규칙적이었던 습관

( )

5 그는 언급하곤 했어요. ⋯ 과거에 불규칙적이었던 습관

( )

- *meet*
- *mention*
- *go*
- *will*
- *used to*
- *have*
- *be going to*
- *study*
- *would*

다음 페이지에서 정답을 확인하세요.

문장 확장하기 ----------→

목적어, 전치사구, 분사를 추가해
좀 더 내용이 풍부한 문장 만들기

확장된 다음 문장을 영어로 써 보세요.

1 저는 영어와 일본어를 공부할 거예요.

I will study _____ .

• located

• name

• near

2 저는 월요일에 Jenny를 만날 계획이에요.

I am going to meet _____ .

• and

• party

• Monday

3 우리는 파티를 하려고 했어요.

We would have _____ .

• English

• snack bar

4 우리는 학교 근처에 위치해 있는 분식점에 가곤 했어요.

We used to go _____ .

• Japanese

• on

5 그는 그 이름을 언급하곤 했어요.

He would mention _____ .

〈완성 문장 확인하기〉에서 정답을 확인하세요.

(문장 통으로.) 쓰기

이번에는 전체 문장을 통으로 써 보세요.

1 저는 영어와 일본어를 공부할 거예요.

2 저는 월요일에 Jenny를 만날 계획이에요.

3 우리는 파티를 하려고 했어요.

4 우리는 학교 근처에 위치해 있는 분식점에 가곤 했어요.

5 그는 그 이름을 언급하곤 했어요.

📖 다음 페이지에서 정답을 확인하세요.

Check it out
완성 문장 확인하기

완성 문장을 확인하고 여러 번 쓰고 읽어 보세요. MP3 48-02

1 저는 영어와 일본어를 공부할 거예요.

I will study English and Japanese.

시작·························· 확장····································

2 저는 월요일에 Jenny를 만날 계획이에요.

I am going to meet Jenny on Monday.

시작······························· 확장·····················

3 우리는 파티를 하려고 했어요.

We **would** have a party.

시작····························· 확장··············

4 우리는 학교 근처에 위치해 있는 분식점에 가곤 했어요.

We **used to** go to the snack bar located near the school.

시작···························· 확장··

5 그는 그 이름을 언급하곤 했어요.

He **would** mention the name.

시작································· 확장················

── DAY 42~48 총정리 ──
설득하는 이메일

총정리 순서

STEP 1 기본 구조의 문장으로 구성된 우리말 이메일을 보고 영어로 써 보기

STEP 2 구조가 확장된 우리말 이메일을 보고 영어로 써 보기

STEP 3 구조가 더 확장된 우리말 이메일을 보고 영어로 써 보기

처음부터 끝까지 영어로 쓰는 것이 어렵다면 확장된 부분을 채워 넣어 문장을 완성해 보는

Complete the E-MAIL을 먼저 한 후 Write it RIGHT에 도전해 보세요!

49

SCHEDULE

E-MAIL Writing은 한 주의 학습을 총정리하는 순서라서 하루 만에 모두 소화하기에 벅찬 분량인데요, 다 하지 못한 부분은 assignment로 하거나 시간 날 때마다 짬짬이 도전해 보세요! 아래 훈련기록란도 넉넉히 마련해두었습니다.

1차 훈련 기록

시작 시간 _____년 _____월 _____일 _____시 ____분

마친 시간 _____년 _____월 _____일 _____시 ____분

총 연습 시간 _____분

2차 훈련 기록

시작 시간 _____년 _____월 _____일 _____시 ____분

마친 시간 _____년 _____월 _____일 _____시 ____분

총 연습 시간 _____분

3차 훈련 기록

시작 시간 _____년 _____월 _____일 _____시 ____분

마친 시간 _____년 _____월 _____일 _____시 ____분

총 연습 시간 _____분

START WRITING

(이메일.) 시작하기

다음 이메일을 읽고 이메일 라이팅에 도전해 보세요.

친애하는 David,

제가 이것을 장담합니다. 이것은 아주 멋진 기회입니다. 저는 당신이 지역사회를 위해 자원봉사로 일하는 것을 봤습니다. 그게 저로 하여금 당신을 추천하게 만들었습니다. 저는 당신에게 적극 해 볼 것을 권합니다. 우리가 주변을 좀 더 좋은 방향으로 바꿔 봅시다. 당신도 역시 사람들이 도움을 요청하는 것을 듣습니다. 그들이 우리에게 기대를 걸고 있습니다. 안전에 대해서는 걱정하지 마십시오.

당신은 그 프로그램을 좋아하게 될 겁니다. 저는 사람들이 그 프로그램을 즐기는 것을 자주 봅니다. 저는 당신이 저와 함께 하기를 원합니다. 우리는 항상 좋은 시간을 함께 하고 있습니다. 만일 당신이 이 기회를 놓치면 당신은 후회할지도 모릅니다. 부디 기억하고 있다가 다른 사람들에게도 말해 주십시오.

고맙습니다.

Eaten 배상

Complete
the E-MAIL

이메일을 영어로 옮길 때 빈칸에 들어갈 알맞은 말을 써 보세요

Dear David,

I tell you this. This is a wonderful opportunity. I _____ you _____ as a volunteer for the community. It me _____ you. I encourage you. We change the environment in a better way. You _____ people _____ for help, too. They expect us. You don't worry about the safety. You will like the program. I often _____ people _____ the program.

I want you with me. We always have a great time together. If you miss this opportunity, you may regret. Please, remember and also tell other people.

Thank you.

Sincerely,

Eaten

Write in English

아래 힌트 어휘를 참고하면서 해석을 보고 이메일 라이팅을 해 보세요.

제가 이것을 장담합니다. 이것은 아주 멋진 기회입니다. 저는 당신이 지역사회를 위해 자원봉사로 일하는 것을 봤습니다. 그게 저로 하여금 당신을 추천하게 만들었습니다. 저는 당신에게 적극 해 볼 것을 권합니다. 우리가 주변을 좀 더 좋은 방향으로 바꿔 봅시다. 당신도 역시 사람들이 도움을 요청하는 것을 듣습니다. 그들이 우리에게 기대를 걸고 있습니다. 안전에 대해서는 걱정하지 마십시오.

당신은 그 프로그램을 좋아하게 될 겁니다. 저는 사람들이 그 프로그램을 즐기는 것을 자주 봅니다. 저는 당신이 저와 함께 하기를 원합니다. 우리는 항상 좋은 시간을 함께 하고 있습니다. 만일 당신이 이 기회를 놓치면 당신은 후회할지도 모릅니다. 부디 기억하고 있다가 다른 사람들에게도 말해 주십시오.

고맙습니다.

● tell you (당신에게) 장담합니다 ●This is 이것은 ~입니다 ●wonderful 아주 멋진 ●opportunity 기회
●saw ~ work ~가 일하는 것을 봤습니다 ●as ~로, ~로서 ●volunteer 자원봉사자 ●community 지역사회, 주민
●made ~ recommend ~로 하여금 ~를 추천하게 했습니다 ●encourage 권합니다 ●change 바꿔봅시다 ●environment 주변환경, 주변
●in a better way 더 좋은 방향으로 ●hear ~ call for help ~가 도움을 요청하는 것을 듣습니다 ●too 역시, ~도 ●expect 기대를 걸고 있습니다
●don't worry 걱정하지 마십시오 ●safety 안전 ●will like 좋아하게 될 겁니다 ●often see ~ enjoy ~가 즐기는 것을 자주 봅니다
●want you with 당신이 ~와 함께 하기를 원합니다 ●always 항상 ●a great time 좋은 시간 ●together 함께 ●If ~ miss 만일 ~가 놓치면
●may regret 후회할지도 모릅니다 ●Please, remember and 부디 기억하고 있다가 ●also ~도 ●tell 말해 주십시오

Write it RIGHT

완성된 이메일을 보고 올바로 써 본 후, 네이티브 스피커의 음성을 잘 듣고 큰 소리로 따라 읽어 보세요.

Dear David,

I tell you this. This is a wonderful opportunity. I saw you work as a volunteer for the community. It made me recommend you. I encourage you. We change the environment in a better way. You hear people call for help, too. They expect us. You don't worry about the safety. You will like the program. I often see people enjoy the program.

I want you with me. We always have a great time together. If you miss this opportunity, you may regret. Please, remember and also tell other people.

Thank you.

Sincerely,

Eaten

◀─── 이메일 **확장**하기 ───▶

확장된 구조의 다음 이메일을 읽고 이메일 라이팅에 도전해 보세요.

친애하는 David,

제가 이것을 장담합니다. 이것은 아주 멋진 기회입니다. 저는 당신이 지역사회를 위해 자원봉사로 일하는 것을 봤습니다. 그게 저로 하여금 당신을 추천하게 만들었습니다. 저는 당신이 이 기회를 잡아 볼 것을 적극 권합니다. 우리가 주변을 좀 더 좋은 방향으로 바꿔 보도록 노력해 봅시다. 당신도 역시 사람들이 도움을 요청하는 것을 듣습니다. 그들이 우리가 오기를 기대하고 있습니다. 안전에 대해서는 걱정하지 마십시오.

당신은 그 프로그램을 좋아하게 될 겁니다. 저는 사람들이 그 프로그램을 즐기는 것을 자주 봅니다. 저는 당신이 저와 함께 합류하기를 원합니다. 우리는 항상 좋은 시간을 함께 하고 있습니다. 만일 당신이 이 기회를 놓치면 당신은 그것을 놓친 것을 후회할지도 모릅니다. 부디 신청하는 것을 기억하고 있다가 다른 사람들에게도 그 프로그램을 지원해 달라고 말해 주십시오.

고맙습니다.

Eaten 배상

Complete
the E-MAIL

이메일을 영어로 옮길 때 빈칸에 들어갈 알맞은 말을 써 보세요.

Dear David,

I tell you this. This is a wonderful opportunity. I saw you work as a volunteer

for the community. It made me recommend you. I encourage you

_____. We _____ change the environment in a

better way. You hear people call for help, too. They expect us _____.

You don't worry about the safety. You will like the program. I often see people

enjoy the program.

I want you _____ with me. We always have a great time together. If

you miss this opportunity, you may regret _____. Please, remember

_____ and also tell other people _____.

Thank you.

Sincerely,

Eaten

Write in English

아래 힌트 어휘를 참고하면서 해석을 보고 이메일 라이팅을 해 보세요.

제가 이것을 장담합니다. 이것은 아주 멋진 기회입니다. 저는 당신이 지역사회를 위해 자원봉사로 일하는 것을 봤습니다. 그게 저로 하여금 당신을 추천하게 만들었습니다. 저는 당신이 이 기회를 잡아 볼 것을 적극 권합니다. 우리가 주변을 좀 더 좋은 방향으로 바꿔 보도록 노력해 봅시다. 당신도 역시 사람들이 도움을 요청하는 것을 듣습니다. 그들이 우리가 오기를 기대하고 있습니다. 안전에 대해서는 걱정하지 마십시오.

당신은 그 프로그램을 좋아하게 될 겁니다. 저는 사람들이 그 프로그램을 즐기는 것을 자주 봅니다. 저는 당신이 저와 함께 합류하기를 원합니다. 우리는 항상 좋은 시간을 함께 하고 있습니다. 만일 당신이 이 기회를 놓치면 당신은 그것을 놓친 것을 후회할지도 모릅니다. 부디 신청하는 것을 기억하고 있다가 다른 사람들에게도 그 프로그램을 지원해 달라고 말해 주십시오.

고맙습니다.

●wonderful opportunity 아주 멋진 기회 ●saw ~ work ~가 일하는 것을 봤습니다 ●as a volunteer 자원봉사자로(서)
●made ~ recommend ~로 하여금 ~를 추천하게 만들었습니다 ●encourage ~ to take ~가 잡아볼 것을 적극 권합니다
●try to change 바꿔보도록 노력합시다 ●in a better way 더 좋은 방향으로 ●hear ~ call for help ~가 도움을 요청하는 것을 듣습니다
●expect ~ to come ~가 오기를 기대하고 있습니다 ●don't worry about ~에 대해서는 걱정하지 마십시오 ●will like 좋아하게 될 겁니다
●see ~ enjoy ~가 즐기는 것을 봅니다 ●want ~ to join ~가 합류하기를 원합니다 ●have a great time 좋은 시간을 가집니다
●If you miss 만일 당신이 놓치면 ●may regret missing 놓친 것을 후회할지도 모릅니다 ●to apply 신청하는 것
●tell ~ to support ~에게 지원해달라고 말해주십시오

Write it RIGHT

완성된 이메일을 보고 올바로 써 본 후, 네이티브 스피커의 음성을 잘 듣고 큰 소리로 따라 읽어 보세요.

Dear David,

I tell you this. This is a wonderful opportunity. I saw you work as a volunteer for the community. It made me recommend you. I encourage you **to take this opportunity**. We **try to** change the environment in a better way. You hear people call for help, too. They expect us **to come**. You don't worry about the safety. You will like the program. I often see people enjoy the program.

I want you **to join** with me. We always have a great time together. If you miss this opportunity, you may regret **missing it**. Please, remember **to apply** and also tell other people **to support it**.

Thank you.

Sincerely,

Eaten

조동사 사용하기

EXPAND WRITING +

이메일 **더** 확장하기

더 확장된 구조의 다음 이메일을 읽고 이메일 라이팅에 도전해 보세요.

친애하는 David,

제가 이것을 당신에게 **꼭** 말해 줘**야만 하겠습니다**. 이것은 아주 멋진 기회가 **될 겁니다**. 저는 당신이 지역사회를 위해 자원봉사로 일하는 것을 봤습니다. 그게 저로 하여금 당신을 추천하게 만들었습니다. 저는 당신이 이 기회를 잡아 볼 것을 적극 권합니다. 우리가 주변을 좀 더 좋은 방향으로 바꿔보도록 노력**할 수 있습니다**. 당신도 역시 사람들이 도움을 요청하는 것을 듣습니다. 그들이 우리가 오기를 기대하고 있습니다. 안전에 대해서는 걱정**할 필요가 없습니다**.

당신은 그 프로그램을 좋아**하게 될 겁니다**. 저는 사람들이 그 프로그램을 즐기는 것을 자주 봅니다. 저는 당신이 저와 함께 합류하기를 원합니다. 우리는 좋은 시간을 함께 가**질 수 있습니다**. 만일 당신이 이 기회를 놓치면 당신은 그것을 놓친 것을 후회할지도 모릅니다. 부디 신청하는 것을 기억하고 있다가 다른 사람들에게도 그 프로그램을 지원해 달라고 말해 주십시오.

고맙습니다.

Eaten 배상

Complete
the E-MAIL

이메일을 영어로 옮길 때 빈칸에 들어갈 알맞은 말을 써 보세요.

Dear David,

I _____ tell you this. This _____ be a wonderful opportunity. I saw you work as a volunteer for the community. It made me recommend you. I encourage you to take this opportunity. We _____ try to change the environment in a better way. You hear people call for help, too. They expect us to come. You don't _____ worry about the safety. You _____ like the program. I often see people enjoy the program.

I want you to join with me. We _____ have a great time together. If you miss this opportunity, you may regret missing it. Please, remember to apply and also tell other people to support it.

Thank you.

Sincerely,

Eaten

Write in English

아래 힌트 어휘를 참고하면서 해석을 보고 이메일 라이팅을 해 보세요.

제가 이것을 당신에게 꼭 말해 줘야만 되겠습니다. 이것은 아주 멋진 기회가 될 겁니다. 저는 당신이 지역사회를 위해 자원봉사로 일하는 것을 봤습니다. 그게 저로 하여금 당신을 추천하게 만들었습니다. 저는 당신이 이 기회를 잡아 볼 것을 적극 권합니다. 우리가 주변을 좀 더 좋은 방향으로 바꿔 보도록 노력할 수 있습니다. 당신도 역시 사람들이 도움을 요청하는 것을 듣습니다. 그들이 우리가 오기를 기대하고 있습니다. 안전에 대해서는 걱정할 필요가 없습니다.

당신은 그 프로그램을 좋아하게 될 겁니다. 저는 사람들이 그 프로그램을 즐기는 것을 자주 봅니다. 저는 당신이 저와 함께 합류하기를 원합니다. 우리는 좋은 시간을 함께 가질 수 있습니다. 만일 당신이 이 기회를 놓치면 당신은 그것을 놓친 것을 후회할지도 모릅니다. 부디 신청하는 것을 기억하고 있다가 다른 사람들에게도 그 프로그램을 지원해 달라고 말해 주십시오.

고맙습니다.

- ●have to tell 꼭 말해줘야만 되겠습니다 ●will be ~가 될 겁니다 ●saw ~ work ~가 일하는 것을 봤습니다
- ●made ~ recommend ~로 하여금 추천하게 만들었습니다 ●encourage ~ to take ~가 잡아볼 것을 적극 권합니다
- ●can try to ~하도록 노력할 수 있습니다 ●hear ~ call for help ~가 도움을 요청하는 것을 듣습니다
- ●expect ~ to come ~가 오기를 기대하고 있습니다 ●don't have to ~할 필요가 없습니다 ●are going to like 좋아하게 될 겁니다(will보다 강조)
- ●see ~ enjoy ~가 즐기는 것을 봅니다 ●want ~ to join ~가 합류하기를 원합니다 ●can have 가질 수 있습니다
- ●may regret 후회할지도 모릅니다 ●remember to ~하는 것을 기억하십시오 ●tell ~ to ~에게 ~하라고 말해주십시오

완성된 이메일을 보고 올바로 써 본 후, 네이티브 스피커의 음성을 잘 듣고 큰 소리로 따라 읽어 보세요.

WORD COUNT
113
49-03

Dear David,

I **have to** tell you this. This **will** be a wonderful opportunity. I saw you work as a volunteer for the community. It made me recommend you. I encourage you to take this opportunity. We **can** try to change the environment in a better way. You hear people call for help, too. They expect us to come. You don't **have to** worry about the safety. You **are going to** like the program. I often see people enjoy the program. I want you to join with me. We **can** have a great time together. If you miss this opportunity, you may regret missing it. Please, remember to apply and also tell other people to support it.

Thank you.

Sincerely,

Eaten

DAY 50

반대 사실을 나타내는 '조동사 + have + 과거분사'

would have + 과거분사 과거 사실의 반대를 나타낸다. 주로 '~할 뻔했다, ~될 뻔했다'로 해석한다.

should have + 과거분사 과거 사실의 반대를 나타낸다. 주로 '~했어야 했는데'로 해석한다.

could have + 과거분사 과거 사실의 반대를 나타낸다. 주로 '~할 수도 있었다'로 해석한다.

might have + 과거분사 과거 사실의 반대를 나타낸다. 주로 '~였을지도 모른다' 또는 '~했을지도 모른다'로 해석한다.

시작 시간 _____ 년 ___ 월 ___ 일 _____ 시 ____ 분

마친 시간 _____ 년 ___ 월 ___ 일 _____ 시 ____ 분   총 연습 시간 _____ 분

어구 시작하기 ①

다음 어구를 영어로 써 보세요.

> *'should/might/could/would + have* + 과거분사'로
> 단어 배열하기

눈치채다 ‣ notice

notice의 과거분사 ‣ noticed

눈치**챘어야 했는데** ⋯ should가 사용된 과거 사실의 반대 ‣

망치다 ‣ ruin

ruin의 과거분사 ‣ ruined

망쳤을지도 모른다 ⋯ might가 사용된 과거 사실의 반대 ‣

죽이다 ‣ kill

kill의 과거분사 ‣ killed

죽일 **수도 있었다** ⋯ could가 사용된 과거 사실의 반대 ‣

일으키다(원인이 되다) ‣ cause

cause의 과거분사 ‣ caused

일으킬 뻔했다 ⋯ would가 사용된 과거 사실의 반대 ‣

끝내다 ‣ finish

finish의 과거분사 ‣ finished

끝낼 **수 있었는데** ⋯ should가 사용된 과거 사실의 반대 ‣

다음 페이지에서 정답을 확인하세요.

Check it out
완성 어구 **확인하기**

완성 어구를 확인하고 여러 번 쓰고 읽어 보세요. MP3 50-01

눈치채다	‣ notice
notice의 과거분사	‣ noticed
눈치챘어야 했는데	‣ **should have noticed**
망치다	‣ ruin
ruin의 과거분사	‣ ruined
망쳤을지도 모른다	‣ **might have ruined**
죽이다	‣ kill
kill의 과거분사	‣ killed
죽일 수도 있었다	‣ **could have killed**
일으키다(원인이 되다)	‣ cause
cause의 과거분사	‣ caused
일으킬 뻔했다	‣ **would have caused**
끝내다	‣ finish
finish의 과거분사	‣ finished
끝낼 수 있었는데	‣ **should have finished**

(문장.) 시작하기 ①

오른쪽에 주어진 단어를 참고로
다음 문장을 영어로 써 보세요.

1 저는 눈치챘어야 했어요.

(   )

2 날씨가 망쳤을지도 몰라요.

(   )

3 그 사고가 죽일 수도 있었어요.

(   )

4 그 새로운 정책이 일으킬 뻔했어요.

(   )

5 우리는 끝냈어야 했어요.

(   )

- *accident*
- *I*
- *new*
- *we*
- *weather*
- *policy*

다음 페이지에서 정답을 확인하세요.

문장 확장하기 --------→

> 목적어를 추가해 더 자연스러운 내용 만들기

확장된 다음 문장을 영어로 써 보세요.

1 저는 그것을 눈치챘어야 했어요.

I should have noticed ＿＿＿＿＿＿.

- *picnic*
- *problem*
- *more*

2 날씨가 우리의 소풍을 망쳤을지도 몰라요.

The weather might have ruined ＿＿＿＿＿＿＿.

- *homework*
- *it*
- *many*

3 그 사고가 더 많은 사람들을 죽일 수도 있었어요.

The accident could have killed ＿＿＿＿＿＿＿.

- *our*
- *people*

4 그 새로운 정책이 많은 문제를 일으킬 뻔했어요.

The new policy would have caused ＿＿＿＿＿＿.

5 우리는 그 숙제를 끝냈어야 했어요.

We should have finished ＿＿＿＿＿＿＿.

〈완성 문장 확인하기〉에서 정답을 확인하세요.

(문장 통으로.) 쓰기

1 저는 그것을 눈치챘어야 했어요.

2 날씨가 우리의 소풍을 망쳤을지도 몰라요.

3 그 사고가 더 많은 사람들을 죽일 수도 있었어요.

4 그 새로운 정책이 많은 문제를 일으킬 뻔했어요.

5 우리는 그 숙제를 끝냈어야 했어요.

다음 페이지에서 정답을 확인하세요.

Check it out
완성 문장 **확인하기**

완성 문장을 확인하고 여러 번 쓰고 읽어 보세요. MP3 50-02

1 저는 그것을 눈치챘어야 했어요.

I should have noticed it.

시작··· 확장

2 날씨가 우리의 소풍을 망쳤을지도 몰라요.

The weather might have ruined our picnic.

시작··· 확장························

3 그 사고가 더 많은 사람들을 죽일 수도 있었어요.

The accident could have killed more people.

시작··· 확장························

4 그 새로운 정책이 많은 문제를 일으킬 뻔했어요.

The new policy would have caused many problems.

시작··· 확장·····························

5 우리는 그 숙제를 끝냈어야 했어요.

We should have finished the homework.

시작··· 확장························

어구 시작하기 ②

다음 어구를 영어로 써 보세요.

> *should have, might have, could have, would have*를 *almost*로 대체해 보기

눈치챘어야 했는데 ▸ should have noticed

거의 눈치챌 뻔했다/ 거의 눈치챘다 ▸   noticed

망쳤을지도 모른다 ▸ might have ruined

거의 망칠 뻔했다/ 거의 망쳤다 ▸   ruined

죽일 수도 있었다 ▸ could have killed

거의 죽일 뻔했다/ 거의 죽였다 ▸   killed

일으킬 뻔했다 ▸ would have caused

거의 일으킬 뻔했다/ 거의 일으켰다 ▸   caused

끝냈어야 했는데 ▸ should have finished

거의 끝낼 뻔했다/ 거의 끝냈다 ▸   finished

❖ almost는 내용에 따라 두 가지의 뜻이 가능하다. almost의 'a'에 강세가 있으면 '~할 뻔한 것'이고 강세가 없으면 '~한 것'이란 뉘앙스로 보면 된다. Writing에서는 강세를 느낄 수 없으므로 앞뒤 정황을 보고 판단해야 한다.

📖
다음 페이지에서 정답을 확인하세요.

Check it out
완성 어구 확인하기

완성 어구를 확인하고 여러 번 쓰고 읽어 보세요. MP3 50-03

눈치챘어야 했는데 ▸ should have noticed

거의 눈치챌 뻔했다/ 거의 눈치챘다 ▸ **almost noticed**

망쳤을지도 모른다 ▸ might have ruined

거의 망칠 뻔했다/ 거의 망쳤다 ▸ **almost ruined**

죽일 수도 있었다 ▸ could have killed

거의 죽일 뻔했다/ 거의 죽였다 ▸ **almost killed**

일으킬 뻔했다 ▸ would have caused

거의 문제를 일으킬 뻔했다/ 거의 문제를 일으켰다 ▸ **almost caused**

끝냈어야 했는데 ▸ should have finished

거의 끝낼 뻔했다/ 거의 끝냈다 ▸ **almost finished**

(문장.) 시작하기 ②

오른쪽에 주어진 단어를 참고로
다음 문장을 영어로 써 보세요.

1 저는 그것을 거의 눈치챌 뻔했어요/ 거의 눈치챘어요.

《   》 noticed it.

2 날씨가 우리의 소풍을 거의 망칠 뻔했어요/ 거의 망쳤
어요.

《   》 ruined our picnic.

3 그 사고가 더 많은 사람들을 거의 죽일 뻔했어요/ 거의
죽였어요.

《   》 killed more people.

4 그 새로운 정책이 많은 문제를 거의 일으킬 뻔했어요/
거의 일으켰어요.

《   》 caused
many problems.

5 우리는 그 숙제를 거의 끝낼 뻔했어요/ 거의 끝냈어요.

《   》 finished the homework.

• *accident*

• *I*

• *new*

• *weather*

• *policy*

〈완성 문장 확인하기〉에서 정답을 확인하세요.

(문장 통으로.) 쓰기　　

이번에는 전체 문장을 통으로 써 보세요.

1　저는 그것을 거의 눈치챌 뻔했어요/ 거의 눈치챘어요.

2　날씨가 우리의 소풍을 거의 망칠 뻔했어요/ 거의 망쳤어요.

3　그 사고가 더 많은 사람들을 거의 죽일 뻔했어요/ 거의 죽였어요.

4　그 새로운 정책이 많은 문제를 거의 일으킬 뻔했어요/ 거의 일으켰어요.

5　우리는 그 숙제를 거의 끝낼 뻔했어요/ 거의 끝냈어요.

📖 다음 페이지에서 정답을 확인하세요.

Check it out
완성 문장 **확인하기**

완성 문장을 확인하고 여러 번 쓰고 읽어 보세요. MP3 50-04

① 저는 그것을 거의 눈치챌 뻔했어요/ 거의 눈치챘어요.

I **almost noticed** it.

② 날씨가 우리의 소풍을 거의 망칠 뻔했어요/ 거의 망쳤어요.

The weather **almost ruined** our picnic.

③ 그 사고가 더 많은 사람들을 거의 죽일 뻔했어요/ 거의 죽였어요.

The accident **almost killed** more people.

④ 그 새로운 정책이 많은 문제를 거의 일으킬 뻔했어요/ 거의 일으켰어요.

The new policy **almost caused** many problems.

⑤ 우리는 그 숙제를 거의 끝낼 뻔했어요/ 거의 끝냈어요.

We **almost finished** the homework.

DAY 51

두 가지 상황을 비교해서 쓰기

선호도 표현 방법 1 would rather + 동사원형 + than + 동사원형.
주로 '~하느니 차라리 ~하겠다'로 해석한다.

선호도 표현 방법 2 would rather + be + 현재분사 + than + 현재분사.
주로 '~하느니 차라리 ~하는 중이었으면 좋겠다, ~하느니 차라리 ~하는 중이고 싶다'로 해석한다.

시작 시간 _____년 _____월 _____일 _____시 _____분

마친 시간 _____년 _____월 _____일 _____시 _____분   총 연습 시간 _____분

어구 시작하기 ①

'would rather + 동사원형' 또는
'would rather be + 진행형'으로 만들기

보다 ▸ watch

차라리 보겠다 ▸   watch

머물다 ▸ stay

차라리 머물겠다 ▸   stay

빌리다 ▸ borrow

차라리 빌리겠다 ▸   borrow

떠나다 ▸ leave

차라리 떠나겠다 ▸   leave

걷다 ‣ walk

걷는 **중이다** ‣ be walk***ing***

차라리 걷는 중이고 **싶다** ‣ be walking

운동하다 ‣ exercise

운동하는 **중이다** ‣ be exercis***ing***

차라리 운동하는 중이고 **싶다** ‣ be exercising

지불하다 ‣ pay

지불하는 **중이다** ‣ be pay***ing***

차라리 지불하는 중이고 **싶다** ‣ be paying

다음 페이지에서 정답을 확인하세요.

Check it out
완성 어구 확인하기

완성 어구를 확인하고 여러 번 쓰고 읽어 보세요. MP3 51-01

보다 ▸ watch

차라리 보겠다 ▸ **would rather** watch

머물다 ▸ stay

차라리 머물겠다 ▸ **would rather** stay

빌리다 ▸ borrow

차라리 빌리겠다 ▸ **would rather** borrow

떠나다 ▸ leave

차라리 떠나겠다 ▸ **would rather** leave

걷다 ‣ walk

걷는 중이다 ‣ be walking

차라리 걷는 중이고 싶다 ‣ **would rather** be walking

운동하다 ‣ exercise

운동하는 중이다 ‣ be exercising

차라리 운동하는 중이고 싶다 ‣ **would rather** be exercising

지불하다 ‣ pay

지불하는 중이다 ‣ be paying

차라리 지불하는 중이고 싶다 ‣ **would rather** be paying

어구 시작하기 ②

'than + 동사원형' 또는
'than + –ing'로 만들기

다음 어구를 영어로 써 보세요.

가다 ▸ go

가는 **것보다** (가느니) ▸

옮기다 ▸ move

옮기는 **것보다** (옮기느니) ▸

사다 ▸ buy

사는 **것보다** (사느니) ▸

앉다 ▸ sit

앉는 **것보다** (앉아 있느니) ▸

달리다 ▸ run

달리는 중 ▸ runn*ing*

달리는 중인 **것보다** (달리고 있느니) ▸

가다 ▸ go

가는 중 ▸ go*ing*

가는 중인 **것보다** (가고 있느니) ▸

사용하다 ▸ use

사용하는 중 ▸ us*ing*

사용하는 중인 **것보다** (사용하고 있느니) ▸

다음 페이지에서 정답을 확인하세요.

어구 **확장**하기 ·········· **EXPAND** WRITING ▶

> *would rather*와 *than* 합쳐서 쓰기 → *would rather* ~
> + *than* ~ 또는 *would rather be -ing* + *than -ing*

확장된 다음 어구를 영어로 써 보세요.

가느니 차라리 보겠다 ▸   than go

옮기느니 차라리 머물겠다 ▸   than move

사느니 차라리 빌리겠다 ▸   than buy

앉아 있느니 차라리 떠나겠다 ▸   than sit

달리고 있느니 차라리 걷는 중이고 싶다

▸   than running

가고 있느니 차라리 운동하는 중이고 싶다

▸   than going

사용하고 있느니 차라리 지불하는 중이고 싶다

▸   than using

다음 페이지에서 정답을 확인하세요.

START WRITING

(문장.) 시작하기

주어를 추가한 후, 목적어, 부사, 전치사구를
추가해 좀 더 풍부한 문장 만들기

오른쪽에 주어진 단어를 참고로
다음 문장을 영어로 써 보세요.

1 저는 쇼핑몰에 가느니 차라리 TV를 보겠어요.

(   ) would rather watch (   )

than go (   ).

2 우리는 오래된 건물로 옮기느니 차라리 여기에 머물겠
어요.

(   ) would rather stay (   )

than move (   ).

3 저는 비싼 것을 사느니 차라리 이것을 빌리겠어요.

(   ) would rather borrow (   )

than buy (   ).

4 저는 여기에 불편하게 앉아 있느니 차라리 조용히 떠나
겠어요.

(   ) would rather leave (   )

than sit (   ).

- *one*
- *building*
- *uncomfortably*
- *expensive*
- *here*
- *mall*
- *this*
- *silently*
- *old*

5 저는 트랙 위를 달리고 있느니 차라리 공원을 걷고 (있는 중이고) 싶어요.

(   ) would rather be walking (   )

than running (   ).

6 저는 단식원에 가고 있느니 차라리 규칙적으로 운동하 (는 중이)고 싶어요.

(   ) would rather be exercising (   )

than going (   ).

7 우리는 신용카드를 사용하고 있느니 차라리 돈을 지불 하(는 중이)고 싶어요.

(   ) would rather be paying (   )

than using (   ).

- *regularly*
- *money*
- *track*
- *credit card*
- *diet center*
- *park*

〈완성 문장 확인하기〉에서 정답을 확인하세요.

(문장 통으로.) 쓰기　　WRITE IT OUT

이번에는 전체 문장을 통으로 써 보세요.

1　저는 쇼핑몰에 가느니 차라리 TV를 보겠어요.

2　우리는 오래된 건물로 옮기느니 차라리 여기에 머물겠어요.

3　저는 비싼 것을 사느니 차라리 이것을 빌리겠어요.

4　저는 여기에 불편하게 앉아 있느니 차라리 조용히 떠나겠어요.

5　저는 트랙 위를 달리고 있느니 차라리 공원을 걷고 (있는 중이고) 싶어요.

6　저는 단식원에 가고 있느니 차라리 규칙적으로 운동하(는 중이)고 싶어요.

7　우리는 신용카드를 사용하고 있느니 차라리 돈을 지불하(는 중이)고 싶어요.

📖 다음 페이지에서 정답을 확인하세요.

Day 51. 두 가지 상황을 비교해서 쓰기　71

Check it out
완성 문장 확인하기

완성 문장을 확인하고 여러 번 쓰고 읽어 보세요. MP3 51-02

1 저는 쇼핑몰에 가느니 차라리 TV를 보겠어요.

I would rather watch TV than go to the mall.

2 우리는 오래된 건물로 옮기느니 차라리 여기에 머물겠어요.

We **would rather stay** here **than move** to the old building.

3 저는 비싼 것을 사느니 차라리 이것을 빌리겠어요.

I would rather borrow this **than buy** the expensive one.

4 저는 여기에 불편하게 앉아 있느니 차라리 조용히 떠나겠어요.

I would rather leave silently **than sit** here uncomfortably.

5 저는 트랙 위를 달리고 있느니 차라리 공원을 걷고 (있는 중이고) 싶어요.

I would rather be walking at the park **than running** on the track.

6 저는 단식원에 가고 있느니 차라리 규칙적으로 운동하(는 중이)고 싶어요.

I would rather be exercising regularly **than going** to diet center.

7 우리는 신용카드를 사용하고 있느니 차라리 돈을 지불하(는 중이)고 싶어요.

We **would rather be paying** money **than using** a credit card.

DAY 52

부사절 1

부사절 문장 내에서 부사 역할을 하는 절을 말하며 '부사절을 이끄는 접속사 + 주어 + 동사 ~' 형태가 된다. 부사절을 이끄는 접속사로는 when, before, after, until, as soon as, because 등이 있다.

결론절 부사절은 내용상 미완성 상태이다. 그래서 그 미완성된 내용을 마무리해주는 문장이 동반되는데 이것을 결론절이라고 한다. 그러므로 부사절이 있으면 항상 결론절이 있다.

시작 시간 _____년 _____월 _____일 _____시 _____분

마친 시간 _____년 _____월 _____일 _____시 _____분   총 연습 시간 _____분

(문장.) 시작하기 ①

간단한 문장 앞에 *when, before, after, until, as soon as,*
because 등을 붙여 부사절 만들기

오른쪽에 주어진 단어를 참고로
다음 문장을 영어로 써 보세요.

1 우리가 가요. ▸ We go.

우리가 갈 때 ▸ (   ) we go,

                                      • *before*

2 그가 시작해요. ▸ He starts.

그가 시작하기 전에 ▸ (   ) he starts,

                                      • *until*

3 당신과 제가 도착해요. ▸ You and I arrive.

당신과 제가 도착한 후에 ▸ (   ) you and
                              I arrive,

                               • *as soon as*

4 그녀가 이해해요. ▸ She understands.

그녀가 이해할 때까지 ▸ (   ) she
                              understands,

                               • *when*

5 저는 들었어요. ▸ I heard.

저는 듣자마자 곧 ▸ (   ) I heard,

                                      • *after*

6   저는 좋아해요. ‣ I like. • *since*

저는 좋아하기 때문에 ‣ ((   )) I like, • *because*

7   당신이 알고 있어요. ‣ You know.

당신이 알고 있기 때문에 ‣ ((   )) you know,

❖ since와 because는 비슷한 의미로 호환해서 쓸 수 있다. 다만 어떤 구체적인 원인에 대해 말할 때는 because가 좀 더 강한 뉘앙스를 띤다.

다음 페이지에서 정답을 확인하세요.

문장 **확장**하기 --------▶

목적어, 전치사구, 부사를 추가해
좀 더 내용이 풍부한 문장 만들기

확장된 다음 문장을 영어로 써 보세요.

1 우리가 학교에 갈 때

When we go _____,

- *plot*
- *lecture*
- *to*
- *news*
- *there*
- *school*

2 그가 그 강의를 시작하기 전에

Before he starts _____,

3 당신과 제가 거기에 도착한 후에

After you and I arrive _____,

4 그녀가 그 내용을 이해할 때까지

Until she understands _____,

5 저는 그 뉴스를 듣자마자 곧

As soon as I heard _____,

6 저는 와플을 좋아하기 때문에

Because I like _____,

• *direction*

• *waffle*

7 당신이 그 방향을 알고 있기 때문에

Since you know _____,

(문장 통으로.) 쓰기 WRITE IT OUT

이번에는 전체 문장을 통으로 써 보세요.

1 우리가 학교에 갈 때

2 그가 그 강의를 시작하기 전에

3 당신과 제가 거기에 도착한 후에

4 그녀가 그 내용을 이해할 때까지

5 저는 그 뉴스를 듣자마자 곧

6   저는 와플을 좋아하기 때문에

_____

_____

_____

7   당신이 그 방향을 알고 있기 때문에

_____

_____

_____

_____

_____

_____

_____

_____

_____

_____

_____

_____

📖 다음 페이지에서 정답을 확인하세요.

_____

Check it out
완성 문장 확인하기

완성 문장을 확인하고 여러 번 쓰고 읽어 보세요. MP3 52-01

1 우리가 학교에 갈 때

When we go to school,

시작·························· 확장··················

2 그가 그 강의를 시작하기 전에

Before he starts the lecture,

시작····························· 확장·······················

3 당신과 제가 거기에 도착한 후에

After you and I arrive there,

시작·································· 확장··········

4 그녀가 그 내용을 이해할 때까지

Until she understands the plot,

시작······························ 확장············

5 저는 그 뉴스를 듣자마자 곧

As soon as I heard the news,

시작····························· 확장··················

6 저는 와플을 좋아하기 때문에

Because I like waffles,

시작·· 확장················

7 당신이 그 방향을 알고 있기 때문에

Since you know the direction,

시작·· 확장····································

(문장.) 시작하기 ②

| 결론절에 쓸 문장 만들기 |

오른쪽에 주어진 단어를 참고로
다음 문장을 영어로 써 보세요.

1 우리는 입어요 ‣ We wear.

우리는 유니폼을 입어요.

‣ We wear (   ).

2 그는 주었어요. ‣ He gave.

그는 약간의 팁을 주었어요.

‣ He gave (   ).

3 우리는 이용할 수 있어요. ‣ We can use.

우리는 이것을 이용할 수 있어요.

‣ We can use (   ).

4 그녀는 읽을 거예요. ‣ She will read.

그녀는 여러 번 읽을 거예요.

‣ She will read (   ).

- *a few*
- *time*
- *tip*
- *uniform*
- *several*
- *this*

5   저는 뛰어갔어요. ‣ ran.

   저는 그녀의 사무실 안으로 뛰어들어 갔어요.

   ‣ I ran ⟮   ⟯.

6   저는 주문했어요. ‣ I ordered.

   저는 망설임 없이 주문했어요.

   ‣ I ordered ⟮   ⟯.

7   당신이 안내해야 해요. ‣ You should guide.

   당신이 지금부터 안내해야 해요.

   ‣ You should guide ⟮   ⟯.

❖ 결론절은 부사절 뒤에 쓸 수 있다.

- *into*
- *hesitation*
- *from*
- *her*
- *now*
- *without*
- *office*

다음 페이지에서 정답을 확인하세요.

문장 확장하기 ------▶

부사절과 결론절을 나란히 써서 긴 문장 만들기
→ 부사절 + 결론절

확장된 다음 문장을 영어로 써 보세요.

1 우리가 학교에 갈 때 우리는 유니폼을 입어요.

_____,

we wear uniforms.

2 그가 그 강의를 시작하기 전에 그는 약간의 팁을 주었어요.

_____,

he gave a few tips.

3 당신과 제가 거기에 도착한 후에 우리는 이것을 이용할 수 있어요.

_____,

we can use this.

4 그녀가 그것을 이해할 때까지 그녀는 여러 번 읽을 거예요.

_____,

she will read several times.

- *arrive*
- *lecture*
- *until*
- *before*
- *to*
- *when*
- *understand*
- *after*
- *start*
- *there*
- *school*

5 저는 그 뉴스를 듣자마자 곧 그녀의 사무실로 뛰어들어 갔어요.

_____,

I ran into her office.

6 저는 와플을 좋아하기 때문에 망설임 없이 주문했어요.

_____,

I ordered without hesitation.

7 당신이 그 방향을 알고 있기 때문에 당신이 지금부터 안내해야 해요.

_____,

you should guide from now.

* *because*
* *direction*
* *as soon as*
* *know*
* *news*
* *waffles*
* *since*

〈완성 문장 확인하기〉에서 정답을 확인하세요.

(문장 통으로.) 쓰기　　　WRITE IT OUT

이번에는 전체 문장을 통으로 써 보세요.

1　우리가 학교에 갈 때 우리는 유니폼을 입어요.

2　그가 그 강의를 시작하기 전에 그는 약간의 팁을 주었어요.

3　당신과 제가 거기에 도착한 후에 우리는 이것을 이용할 수 있어요.

4　그녀가 그것을 이해할 때까지 그녀는 여러 번 읽을 거예요.

5　저는 그 뉴스를 듣자마자 곧 그녀의 사무실로 뛰어들어갔어요.

6 저는 와플을 좋아하기 때문에 망설임 없이 주문했어요.

7 당신이 그 방향을 알고 있기 때문에 당신이 지금부터 안내해야 해요.

📖 다음 페이지에서 정답을 확인하세요.

Check it out
완성 문장 확인하기

완성 문장을 확인하고 여러 번 쓰고 읽어 보세요. MP3 52-02

1 우리가 학교에 갈 때 우리는 유니폼을 입어요.

When we go to school, **we wear uniforms**.

확장······································시작····································

2 그가 그 강의를 시작하기 전에 그는 약간의 팁을 주었어요.

Before he starts the lecture, **he gave a few tips**.

확장······································시작····································

3 당신과 제가 거기에 도착한 후에 우리는 이것을 이용할 수 있어요.

After you and I arrive there, **we can use this**.

확장······································시작····································

4 그녀가 그것을 이해할 때까지 그녀는 여러 번 읽을 거예요.

Until she understands it, **she will read several times**.

확장······································시작····································

5 저는 그 뉴스를 듣자마자 곧 그녀의 사무실로 뛰어들어갔어요.

As soon as I heard the news, **I ran into her office**.

확장······································시작····································

6 저는 와플을 좋아하기 때문에 망설임 없이 주문했어요.

Because I like waffles, **I ordered without hesitation.**

확장···시작···

7 당신이 그 방향을 알고 있기 때문에 당신이 지금부터 안내해야 해요.

Since you know the direction, **you should guide from now.**

확장···시작···

53

부사절 2

부사절을 이끄는 어구 모든 문장에 as long as, as far as, although, even though, as if를 쓰면 부사절이 된다.

Ex. **As long as** you follow the rule, you will be safe.

당신이 그 규칙을 따르기**만 하면** 당신은 안전할 거예요.

독립절 부사절 없이도 문장이나 내용 면에서 완벽한 '결론절'을 일컫는 또 다른 문법 용어이다.

Ex. Although he was busy, **he helped me**.

그는 바빴음에도 불구하고 **저를 도와주었어요**.

시작 시간 _____년 _____월 _____일 _____시 _____분

마친 시간 _____년 _____월 _____일 _____시 _____분   총 연습 시간 _____분

(문장.) 시작하기 ①

간단한 문장 앞에 *as long as, as far as, although, even though, while, as if*를 붙여 부사절 만들기

오른쪽에 주어진 단어를 참고로 다음 문장을 영어로 써 보세요.

1 당신이 머물러요.

‣ You stay.

당신이 머무는 한

‣ (   ),

• *although*

• *as long as*

• *as far as*

2 그녀가 잡고 있어요.

‣ She holds.

그녀가 잡고 있는 한

‣ (   ),

3 그녀와 제가 가지고 있어요.

‣ She and I have.

비록 그녀와 제가 가지고 있지만

‣ (   ),

4 당신이 취소했어요.

   ‣ You cancelled.

   비록 당신이 취소했다고 하더라도

   ‣ (   ),

5 그가 기다리고 있는 중이에요.

   ‣ He is waiting.

   그가 기다리고 있는 중인 동안

   ‣ (   ),

6 그가 알고 있어요.

   ‣ He knows.

   마치 그가 알고 있는 것처럼

   ‣ (   ),

- *while*
- *as if*
- *even though*

다음 페이지에서 정답을 확인하세요.

문장 확장하기 ·····················▶

> 목적어 또는 전치사구를 추가해
> 좀 더 내용이 풍부한 문장 만들기

확장된 다음 문장을 영어로 써 보세요.

- *responsibility*
- *line*
- *us*
- *view*
- *everything*
- *in*
- *reservation*
- *with*
- *different*

1 당신이 우리와 함께 머무는 한

As long as you stay _____,

2 그녀가 책임을 지고 있는 한

As far as she holds _____,

3 비록 그녀와 제가 다른 관점을 가지고 있지만

Although she and I have _____,

4 비록 당신이 그 예약을 취소했다고 하더라도

Even though you cancelled _____,

5 그가 줄 서서 기다리고 있는 중인 동안

While he was waiting _____,

6 마치 그가 모든 것을 알고 있는 것처럼

As if he knows _____,

📖
〈완성 문장 확인하기〉에서 정답을 확인하세요.

(문장 통으로.) 쓰기

이번에는 전체 문장을 통으로 써 보세요.

1 당신이 우리와 함께 머무는 한

2 그녀가 책임을 지고 있는 한

3 비록 그녀와 제가 다른 관점을 가지고 있지만

4 비록 당신이 그 예약을 취소했다고 하더라도

5 그가 줄 서서 기다리고 있는 중인 동안

6 마치 그가 모든 것을 알고 있는 것처럼

📖 다음 페이지에서 정답을 확인하세요.

Check it out
완성 문장 확인하기

완성 문장을 확인하고 여러 번 쓰고 읽어 보세요. MP3 53-01

1 당신이 우리와 함께 머무는 한

As long as you stay with us,

시작·· 확장··········

2 그녀가 책임을 지고 있는 한

As far as she holds the responsibility,

시작·· 확장··············

3 비록 그녀와 제가 다른 관점을 가지고 있지만

Although she and I have a different view,

시작·· 확장··············

4 비록 당신이 그 예약을 취소했다고 하더라도

Even though you cancelled the reservation,

시작·· 확장··············

5 그가 줄 서서 기다리고 있는 중인 동안

While he was waiting in line,

시작·· 확장··········

6 마치 그가 모든 것을 알고 있는 것처럼

As if he knows everything,

시작·· 확장··········

(문장.) 시작하기 ②

결론절에 쓸 문장 만들기

오른쪽에 주어진 단어를 참고로
다음 문장을 영어로 써 보세요.

1 당신은 일할 수 있어요.

    ‣ You can work.

    당신은 자유롭게 일할 수 있어요.

    ‣ (   ).

2 그녀는 할 거예요.

    ‣ She will do.

    그녀는 뭔가를 할 거예요.

    ‣ (   ).

3 우리는 존경해요.

    ‣ We respect.

    우리는 서로를 존경해요.

    ‣ (   ).

- *something*
- *respect*
- *freely*
- *each other*

4   당신은 지불해야만 해요.

‣ You have to pay.

당신은 취소 수수료를 지불해야만 해요.

‣ (　　　　　　　　　　　　　　　).

5   그는 전화를 걸었어요.

‣ He called.

그는 자신의 친구에게 전화를 걸었어요.

‣ (　　　　　　　　　　　　　　　).

6   그는 행동해요.

‣ He acts.

그는 행동하고 말해요.

‣ (　　　　　　　　　　　　　　　).

- *friend*
- *and*
- *fee*
- *say*
- *cancellation*
- *his*

다음 페이지에서 정답을 확인하세요.

문장 확장하기 --------→

부사절 뒤에 결론절을 붙여 긴 문장 만들기

확장된 다음 문장을 영어로 써 보세요.

1 당신이 우리와 함께 머무는 한 당신은 자유롭게 일할 수 있어요.

_____,

you can work freely.

2 그녀가 책임을 지고 있는 한 그녀는 뭔가를 할 거예요.

_____,

she will do something.

3 비록 그녀와 제가 다른 관점을 가지고 있지만 우리는 서로를 존경해요.

_____,

we respect each other.

- *although*
- *responsibility*
- *stay*
- *view*
- *as long as*
- *with*
- *different*
- *hold*
- *as far as*

4 비록 당신이 그 예약을 취소했다고 하더라도 당신은 취소

수수료를 지불해야만 해요.

_____ ,

you have to pay a cancellation fee.

5 그는 줄 서서 기다리는 동안에 자신의 친구에게 전화를 걸었어요.

_____ ,

he called his friend.

6 그는 마치 자신이 모든 것을 알고 있는 것처럼 행동하고 말해요.

He acts and says _____

_____ .

❖ as if는 앞에 쓰지 않고 결론절 뒤에 쓴다.

- *line*
- *everything*
- *reservation*
- *cancel*
- *in*
- *act*
- *know*
- *wait*
- *while*
- *as if*
- *even though*

〈완성 문장 확인하기〉에서 정답을 확인하세요.

(문장 통으로.) 쓰기　　　WRITE IT OUT

이번에는 전체 문장을 통으로 써 보세요.

1　당신이 우리와 함께 머무는 한 당신은 자유롭게 일할 수 있어요.

2　그녀가 책임을 지고 있는 한 그녀는 뭔가를 할 거예요.

3　비록 그녀와 제가 다른 관점을 가지고 있지만 우리는 서로를 존경해요.

4　비록 당신이 그 예약을 취소했다고 하더라도 당신은 취소 수수료를 지불해야만 해요.

5　그는 줄 서서 기다리는 동안에 자신의 친구에게 전화를 걸었어요.

6　그는 마치 자신이 모든 것을 알고 있는 것처럼 행동하고 말해요.

📖 다음 페이지에서 정답을 확인하세요.

Check it out
완성 문장 확인하기

완성 문장을 확인하고 여러 번 쓰고 읽어 보세요. MP3 53-02

1 당신이 우리와 함께 머무는 한 당신은 자유롭게 일할 수 있어요.

As long as you stay with us, you can work freely.

확장 ⸱⸱⸱ 시작 ⸱⸱⸱⸱⸱⸱⸱⸱⸱⸱⸱⸱⸱⸱⸱⸱⸱⸱⸱⸱⸱⸱⸱⸱⸱⸱⸱⸱⸱⸱⸱

2 그녀가 책임을 지고 있는 한 그녀는 뭔가를 할 거예요.

As far as she holds the responsibility, she will do something.

확장 ⸱⸱⸱ 시작 ⸱⸱⸱⸱⸱⸱⸱⸱⸱⸱⸱⸱⸱⸱⸱⸱⸱⸱⸱⸱⸱⸱⸱

3 비록 그녀와 제가 다른 관점을 가지고 있지만 우리는 서로를 존경해요.

Although she and I have a different view, we respect each

확장 ⸱⸱⸱ 시작 ⸱⸱⸱⸱⸱⸱⸱⸱⸱⸱⸱⸱⸱⸱⸱⸱⸱⸱⸱⸱⸱⸱⸱

other.

⸱⸱⸱⸱⸱⸱⸱⸱⸱⸱⸱⸱⸱⸱⸱

4 비록 당신이 그 예약을 취소했다고 하더라도 당신은 취소 수수료를 지불해야만 해요.

Even though you cancelled the reservation, you have to pay

확장 ⸱⸱⸱ 시작 ⸱⸱⸱⸱⸱⸱⸱⸱⸱⸱⸱⸱⸱⸱⸱⸱⸱⸱⸱⸱⸱

a cancellation fee.

⸱⸱⸱⸱⸱⸱⸱⸱⸱⸱⸱⸱⸱⸱⸱⸱⸱⸱⸱⸱⸱⸱⸱⸱⸱⸱⸱⸱⸱⸱⸱⸱⸱⸱⸱⸱⸱

5 그는 줄 서서 기다리는 동안에 자신의 친구에게 전화를 걸었어요.

While he was waiting in line, he called his friend.

확장 ⸱⸱⸱ 시작 ⸱⸱⸱⸱⸱⸱⸱⸱⸱⸱⸱⸱⸱⸱⸱⸱⸱⸱⸱⸱

6 그는 마치 자신이 모든 것을 알고 있는 것처럼 행동하고 말해요.

He acts and says as if he knows everything.

시작 ⸱⸱⸱⸱⸱⸱⸱⸱⸱⸱⸱⸱⸱⸱⸱⸱⸱⸱⸱⸱⸱⸱⸱⸱⸱⸱⸱ 확장 ⸱⸱⸱⸱⸱⸱⸱⸱⸱⸱⸱⸱⸱⸱⸱⸱⸱⸱⸱⸱⸱⸱⸱⸱⸱⸱⸱⸱⸱⸱⸱⸱⸱⸱⸱

54

부사절을 부사구로 바꿔서 쓰기

절 주어와 동사가 있는 문장을 말한다.

구 주어와 동사가 없는 단어의 모임을 말한다.

부사구 문장에서 부사 역할을 하는 구를 말하며 부사절에서 주어와 동사를 생략한 것이다.

부사구에 쓰인 -ing 또는 -ed 분사(현재분사 -ing 또는 과거분사 -ed)가 쓰인 절에서

주어와 be동사만 생략하고 그대로 놔두거나 부사절에서 주어를 생략하고

동사원형에 - ing 또는 -ed를 붙여 만든다.

시작 시간 _____년 _____월 _____일 _____시 _____분

마친 시간 _____년 _____월 _____일 _____시 _____분   총 연습 시간 _____분

부사절을 부사구로 바꾸기 ①

다음 문장을 영어로 써 보세요.

> 부사절의 주어와 *be*동사를 생략하여
> 문장을 줄이고 행동 부분만 강조해서 쓰기

우리가 그 계획을 수정하고 있을 때 우리는 새로운 아이디어가 생겼어요.
When *we were revising* the plan, we had a new idea.

When _____ the plan, we had a new idea.

그 책이 출판되었을 때 그 책은 금서로 지정되었어요.
When *the book was published*, the book was banned.

When _____, the book was banned.

그가 그 문을 두드리고 있는 동안에 그는 제 이름을 외쳤어요.
While *he was knocking* on the door, he shouted my name.

While _____ on the door, he shouted my name.

그의 작품들이 전시되는 동안에 그 작품들은 대중의 관심을 받았어요.
While *his works were exhibited*, the works had a public attention.

While _____, the works had a public attention.

📖 다음 페이지에서 정답을 확인하세요.

Check it out
완성 문장 확인하기

완성 문장을 확인하고 여러 번 쓰고 읽어 보세요. MP3 54-01

우리가 그 계획을 수정하고 있을 때 우리는 새로운 아이디어가 생겼어요.

When we were revising the plan, we had a new idea.

‣ When **revising** the plan, we had a new idea.

그 책이 출판되었을 때 그 책은 금서로 지정되었어요.

When the book was published, the book was banned.

‣ When **published**, the book was banned.

그가 그 문을 두드리고 있는 동안에 그는 제 이름을 외쳤어요.

While he was knocking on the door, he shouted my name.

‣ While **knocking** on the door, he shouted my name.

그의 작품들이 전시되는 동안에 그 작품들은 대중의 관심을 받았어요.

While his works were exhibited, the works had a public attention.

‣ While **exhibited**, the works had a public attention.

부사절을 부사구로 바꾸기 ②

다음 문장을 영어로 써 보세요.

> 부사절의 주어를 생략하고 동사원형에 *-ing*를 붙여
> 문장을 줄이고 행동 부분만 강조해서 쓰기

제가 쉬는 시간을 가질 때 저는 항상 뜨거운 커피 한 잔을 마셔요.
When *I take* a break, I always have a hot coffee.

When   a break, I always have a hot coffee.

제가 그것을 고려하는 동안에 저는 그녀의 충고를 받아들일 거예요.
While *I consider* it, I will take her advice.

While   it, I will take her advice.

당신이 자리를 떠나기 전에 당신은 그것을 확인해야 해요.
Before *you leave* the seat, you should check it.

Before   the seat, you should check it.

당신이 결정을 한 후에 당신은 두 번 생각해야만 해요.
After *you made* a decision, you have to think twice.

After   a decision, you have to think twice.

📖 다음 페이지에서 정답을 확인하세요.

Check it out
완성 문장 **확인하기**

완성 문장을 확인하고 여러 번 쓰고 읽어 보세요. MP3 54-02

제가 쉬는 시간을 가질 때 저는 항상 뜨거운 커피 한 잔을 마셔요.

When I take a break, I always have a hot coffee.

‣ When **taking** a break, I always have a hot coffee.

제가 그것을 고려하는 동안에 저는 그녀의 충고를 받아들일 거예요.

While I consider it, I will take her advice.

‣ While **considering** it, I will take her advice.

당신이 자리를 떠나기 전에 당신은 그것을 확인해야 해요.

Before you leave the seat, you should check it.

‣ Before **leaving** the seat, you should check it.

당신이 결정을 한 후에 당신은 두 번 생각해야만 해요.

After you made a decision, you have to think twice.

‣ After **making** a decision, you have to think twice.

(문장.) 시작하기 ①

간단한 문장 앞에 *when, before, after, while*을 붙여
부사절 만들기

오른쪽에 주어진 단어를 참고로
다음 문장을 영어로 써 보세요.

1 그녀가 와요. ‣ She comes.

그녀가 올 때 ‣ (   ) she comes,

올 때 ⋯ 행동을 나타내는 -ing만 남도록 줄임

‣ When (   ),

• *start*

• *before*

• *come*

• *when*

2 그는 시작해요. ‣ He starts.

그가 시작하기 전에 ‣ (   ) he starts,

시작하기 전에 ⋯ 행동을 나타내는 -ing만 남도록 줄임

‣ Before (   ),

3   저는 보았어요.   ‣ I watched.

제가 본 후에   ‣ ⟨   ⟩ I watched,

본 후에 ⋯ 행동을 나타내는 -ing만 남도록 줄임

‣ After ⟨   ⟩,

- *study*
- *after*
- *while*
- *watch*

4   우리가 공부하는 중이에요.

‣ We are studying,

우리가 공부하고 있는 동안에

‣ ⟨   ⟩ we are studying,

공부하고 있는 동안에 ⋯ 행동을 나타내는 -ing만 남도록 줄임

‣ While ⟨   ⟩,

다음 페이지에서 정답을 확인하세요.

완성 문장을 확인하고 여러 번 쓰고 읽어 보세요. MP3 54-03

1

그녀가 와요. ▸ She comes.

그녀가 올 때 ▸ **When** she comes,

올 때 ⋯ 행동을 나타내는 -ing만 남도록 줄임 ▸ When com**ing**,

2

그는 시작해요. ▸ He starts.

그가 시작하기 전에 ▸ **Before** he starts,

시작하기 전에 ⋯ 행동을 나타내는 -ing만 남도록 줄임 ▸ Before start**ing**,

3

저는 보았어요. ▸ I watched.

제가 본 후에 ▸ **After** I watched,

본 후에 ⋯ 행동을 나타내는 -ing만 남도록 줄임 ▸ After watch**ing**,

4

우리가 공부하는 중이에요. ▸ We are studying.

우리가 공부하고 있는 동안에 ▸ **While** we are studying,

공부하고 있는 동안에 ⋯ 행동을 나타내는 -ing만 남도록 줄임 ▸ While study**ing**,

문장 **확장**하기 ╌╌╌╌╌╌▶

> 전치사구, 목적어, 부사를 추가해 부사구 확장하기

확장된 다음 문장을 영어로 써 보세요.

1 저에게 올 때

When coming _____ ,

- *discussion*
- *together*
- *me*

2 그 토론을 시작하기 전에

Before starting _____ ,

- *horror movie*
- *to*

3 공포영화를 본 후에

After watching _____ ,

4 함께 공부하고 있는 동안에

While studying _____ ,

📖
〈완성 문장 확인하기〉에서 정답을 확인하세요.

(문장 통으로.) 쓰기

이번에는 전체 문장을 통으로 써 보세요.

1 저에게 올 때

2 그 토론을 시작하기 전에

3 공포영화를 본 후에

4 함께 공부하고 있는 동안에

📖 다음 페이지에서 정답을 확인하세요.

Check it out
완성 문장 **확인하기**

완성 문장을 확인하고 여러 번 쓰고 읽어 보세요. MP3 54-04

① 저에게 올 때

When coming to me,

시작·································· 확장··········

② 그 토론을 시작하기 전에

Before starting the discussion,

시작····································· 확장································

③ 공포영화를 본 후에

After watching a horror movie,

시작··································· 확장····························

④ 함께 공부하고 있는 동안에

While studying together,

시작······························· 확장··············

(문장.) 시작하기 ②

목적어, 전치사구, 부사를 결론절에 추가해
좀 더 내용이 풍부한 문장 만들기

오른쪽에 주어진 단어를 참고로
다음 문장을 영어로 써 보세요.

1 그녀는 입어요.

‣ She wears.

그녀는 종종 분홍색 재킷을 입어요.

‣ She (   ) wears (   ).

2 그는 농담을 하고 있는 중이었어요.

‣ He was joking.

그는 다른 사람들과 농담을 하고 있는 중이었어요.

‣ He was joking (   ).

3 저는 가졌어요.

‣ I had.

저는 악몽을 꾸었어요.

‣ I had (   ).

4 우리는 경쟁을 했어요.

‣ We competed.

우리는 눈에 보이지 않게 경쟁을 했어요.

‣ We competed (   ).

- *with*
- *invisibly*
- *pink*
- *other*
- *often*
- *jacket*
- *nightmare*
- *people*

다음 페이지에서 정답을 확인하세요.

문장 확장하기 ·······➤

EXPAND WRITING

> 부사구와 결론절을 합쳐 완전한 문장 만들기

확장된 다음 문장을 영어로 써 보세요.

1 저에게 올 때 그녀는 종종 분홍색 재킷을 입어요.

_____, she often wears a

pink jacket.

- *discussion*
- *while*
- *after*
- *horror movie*

2 그 토론을 시작하기 전에 그는 다른 사람들과 농담을 하고 있는 중이

었어요.

_____,

he was joking with other people.

3 공포영화를 본 후에 저는 악몽을 꾸었어요.

_____, I had a nightmare.

4 함께 공부하고 있는 동안에 우리는 눈에 보이지 않게 경쟁을 했어요.

_____, we competed

invisibly.

📖
〈완성 문장 확인하기〉에서 정답을 확인하세요.

Day 54. 부사절을 부사구로 바꿔서 쓰기   115

(문장 통으로.) 쓰기 　　　　　　**WRITE** IT OUT

이번에는 전체 문장을 통으로 써 보세요.

1 　저에게 올 때 그녀는 종종 분홍색 재킷을 입어요.

2 　그 토론을 시작하기 전에 그는 다른 사람들과 농담을 하고 있는 중이었어요.

3 　공포영화를 본 후에 저는 악몽을 꾸었어요.

4 　함께 공부하고 있는 동안에 우리는 눈에 보이지 않게 경쟁을 했어요.

📖 다음 페이지에서 정답을 확인하세요.

Check it out
완성 문장 확인하기

완성 문장을 확인하고 여러 번 쓰고 읽어 보세요. MP3 54-05

1 저에게 올 때 그녀는 종종 분홍색 재킷을 입어요.

When coming to me, she often **wears** a pink jacket.

확장·· 시작··························

2 그 토론을 시작하기 전에 그는 다른 사람들과 농담을 하고 있는 중이었어요.

Before starting the discussion, he was joking with other

확장·· 시작··························

people.

······················

3 공포영화를 본 후에 저는 악몽을 꾸었어요.

After watching a horror movie, I had a nightmare.

확장·· 시작··························

4 함께 공부하고 있는 동안에 우리는 눈에 보이지 않게 경쟁을 했어요.

While studying together, we competed invisibly.

확장·· 시작··························

── DAY 50~54 총정리 ──

통보 및 알림 이메일

총정리 순서

STEP 1 기본 구조의 문장으로 구성된 우리말 이메일을 보고 영어로 써 보기

STEP 2 구조가 확장된 우리말 이메일을 보고 영어로 써 보기

STEP 3 구조가 더 확장된 우리말 이메일을 보고 영어로 써 보기

처음부터 끝까지 영어로 쓰는 것이 어렵다면 확장된 부분을 채워 넣어 문장을 완성해 보는

Complete the E-MAIL을 먼저 한 후 Write it RIGHT에 도전해 보세요!

55

SCHEDULE

E-MAIL Writing은 한 주의 학습을 총정리하는 순서라서 하루 만에 모두 소화하기에 벅찬 분량인데요, 다 하지 못한 부분은 assignment로 하거나 시간 날 때마다 짬짬이 도전해 보세요! 아래 훈련기록란도 넉넉히 마련해두었습니다.

1차 훈련 기록

시작 시간 _____년 _____월 _____일 _____시 _____분

마친 시간 _____년 _____월 _____일 _____시 _____분

총 연습 시간 _____분

2차 훈련 기록

시작 시간 _____년 _____월 _____일 _____시 _____분

마친 시간 _____년 _____월 _____일 _____시 _____분

총 연습 시간 _____분

3차 훈련 기록

시작 시간 _____년 _____월 _____일 _____시 _____분

마친 시간 _____년 _____월 _____일 _____시 _____분

총 연습 시간 _____분

START WRITING

(이메일.) 시작하기

다음 이메일을 읽고 이메일 라이팅에 도전해 보세요.

Laura Diamond 씨에게,

모두가 다들 바빠서 제가 전화하는 대신 이메일을 보냅니다. 제가 정기모임을 위한 날짜를 변경했습니다.

원래 날짜는 5월 4일인데 우리가 같은 날에 또 다른 행사가 있습니다. 그 두 일이 겹칩니다. 우리가 월간 일정을 미리 확인했어야 했습니다. 그게 문제를 일으킬 뻔했습니다.

제 생각에 우리가 모임을 미루는 편이 좋을 것 같아서 제가 다른 날인 5월 10일로 정했습니다. 이메일에 제가 정확한 시간과 장소를 알려놓았습니다. 이 통보 후에 제가 나중에 모두에게 전화를 드리겠습니다.

여러분의 협조에 감사를 드립니다.

한 일 드림

이메일을 영어로 옮길 때 빈칸에 들어갈 알맞은 말을 써 보세요

Dear Laura Diamond,

Everybody is busy, so I send an e-mail instead of calling. I changed the date for the regular meeting.

The original date is May 4th, but we have another event on the same date. The two occasions clashes. We _____

the monthly schedule before. It _____ trouble.

I think we had better delay the meeting, so I chose a different date, May 10th. In the e-mail, I informed the exact time and place. After the notification, I will call everybody later.

Thank you for your cooperation.

Sincerely,

Il Han

Write in English

아래 힌트 어휘를 참고하면서 해석을 보고 이메일 라이팅을 해 보세요.

모두가 다들 바빠서 제가 전화하는 대신 이메일을 보냅니다. 제가 정기 모임을 위한 날짜를 변경했습니다. 원래 날짜는 5월 4일인데 우리가 같은 날에 또 다른 행사가 있습니다. 그 두 일이 겹칩니다. 우리가 월간 일정을 미리 확인했어야 했습니다. 그게 문제를 일으킬 뻔했습니다. 제 생각에 우리가 모임을 미루는 편이 좋을 것 같아서 제가 다른 날인 5월 10일로 정했습니다. 이메일에 제가 정확한 시간과 장소를 알려놓았습니다. 이 통보 후에 제가 나중에 모두에게 전화를 드리겠습니다. 여러분의 협조에 감사를 드립니다.

●Everybody 모두 ●busy 바쁜 ●so ~해서, 그래서 ●send 보냅니다 ●instead of calling (일일이) 전화하는 대신에 ●changed 변경했습니다
●date 날짜 ●for ~을 위한 ●regular meeting 정기모임 ●original 원래의 ●is May 4th, but 5월 4일이지만 ●another 또 다른
●event 행사 ●on the same date 같은 날에 ●occasions (특정한) 일, 행사 ●clashes 겹칩니다 ●should have checked 확인했어야 했습니다
●monthly schedule 월간 일정 ●before 미리, ~전에 ●could have caused 일으킬 뻔했습니다 ●I think 제 생각에
●had better ~하는 편이 좋다 ●delay 미루다 ●chose 정했습니다 ●different date, May 10th 다른 날인 5월 10일
●In the e-mail 이메일에 ●informed 알려놓았습니다 ●exact 정확한 ●After the notification 이 통보 후에 ●will call 전화를 드리겠습니다

Dear Laura Diamond,

Everybody is busy, so I send an e-mail instead of calling. I changed the date for the regular meeting.

The original date is May 4th, but we have another event on the same date. The two occasions clashes. We should have checked the monthly schedule before. It could have caused trouble.

I think we had better delay the meeting, so I chose a different date, May 10th. In the e-mail, I informed the exact time and place. After the notification, I will call everybody later.

Thank you for your cooperation.

Sincerely,

Il Han

←------- 이메일 **확장**하기 -------→

확장된 구조의 다음 이메일을 읽고 이메일 라이팅에 도전해 보세요.

Laura Diamond 씨에게,

모두가 다들 바빠서 제가 전화하느니 차라리 이메일을 보냅니다. 제가 정기모임을 위한 날짜를 변경했습니다.

원래 날짜는 5월 4일인데 우리가 같은 날에 또 다른 행사가 있습니다. 그 두 일이 겹칩니다. 우리가 월간 일정을 미리 확인했어야 했습니다. 그게 문제를 일으킬 뻔했습니다.

제 생각에 우리가 모임을 취소하느니 차라리 미룰 것 같아서 제가 다른 날인 5월 10일로 정했습니다. 이메일에 제가 정확한 시간과 장소를 알려놓았습니다.

이 통보 후에 제가 나중에 모두에게 전화를 드리겠습니다.

여러분의 협조에 감사를 드립니다.

한 일 드림

Complete
the E-MAIL

이메일을 영어로 옮길 때 빈칸에 들어갈 알맞은 말을 써 보세요.

Dear Laura Diamond,

Everybody is busy, so I _____ send an e-mail

_____ . I changed the date for the regular meeting.

The original date is May 4th, but we have another event on the same date. The

two occasions clashes. We should have checked the monthly schedule before.

It could have caused trouble.

I think we _____ delay _____ the meeting, so

I chose a different date, May 10th. In the e-mail, I informed the exact time and

place. After the notification, I will call everybody later.

Thank you for your cooperation.

Sincerely,

Il Han

Write in English

아래 힌트 어휘를 참고하면서 해석을 보고 이메일 라이팅을 해 보세요.

모두가 다들 바빠서 제가 전화하느니 차라리 이메일을 보냅니다. 제가 정기모임을 위한 날짜를 변경했습니다.

원래 날짜는 5월 4일인데 우리가 같은 날에 또 다른 행사가 있습니다. 그 두 일이 겹칩니다. 우리가 월간 일정을 미리 확인했어야 했습니다. 그게 문제를 일으킬 뻔했습니다.

제 생각에 우리가 모임을 취소하느니 차라리 미룰 것 같아서 제가 다른 날인 5월 10일로 정했습니다. 이 메일에 제가 정확한 시간과 장소를 알려놓았습니다. 이 통보 후에 제가 나중에 모두에게 전화를 드리겠습니다.

여러분의 협조에 감사를 드립니다.

● is busy, so 바빠서 ● would rather send 차라리 보냅니다 ● than call 전화하느니, 전화하는 것보다 ● is May 4th, but 5월 4일이지만
● have (가지고) 있습니다 ● another 또 다른 ● on the same date 같은 날에 ● occasions (특정한) 일, 행사 ● clashes 겹칩니다
● should have checked 확인했어야 했습니다 ● before 미리, ~ 전에 ● could have caused 일으킬 뻔했습니다 ● I think 제 생각에
● would rather delay 차라리 미루겠습니다 ● than cancel 취소하느니 ● chose 정했습니다 ● informed 알려놓았습니다 ● exact 정확한
● notification 통보 ● will call everybody 모두에게 전화를 드리겠습니다

Write it RIGHT

완성된 이메일을 보고 올바로 써 본 후, 네이티브 스피커의 음성을 잘 듣고 큰 소리로 따라 읽어 보세요.

WORD COUNT 94
55-02

Dear Laura Diamond,

Everybody is busy, so I **would rather** send an e-mail **than call**. I changed the date for the regular meeting.

The original date is May 4th, but we have another event on the same date.

The two occasions clashes. We should have checked the monthly schedule before. It could have caused trouble.

I think we **would rather** delay **than cancel** the meeting, so I chose a different date, May 10th. In the e-mail, I informed the exact time and place. After the notification, I will call everybody later.

Thank you for your cooperation.

Sincerely,

Il Han

Day 55. 통보 및 알림 이메일　127

이메일 더 확장하기

더 확장된 구조의 다음 이메일을 읽고 이메일 라이팅에 도전해 보세요.

Laura Diamond 씨에게,

모두가 다들 바쁘기 **때문에** 제가 전화하느니 차라리 이메일을 보냅니다. 제가 정기모임을 위한 날짜를 변경했습니다.

원래 날짜는 5월 4일인데 우리가 같은 날에 또 다른 행사가 있습니다. 그 두 일이 겹칩니다. **우리가 날짜를 정하기 전에** 우리가 월간 일정을 확인했어야 했습니다. 그게 문제를 일으킬 뻔했습니다.

우리가 모임을 취소하느니 차라리 미룰 것 같기 **때문에** 제가 다른 날인 5월 10일로 정했습니다. 이메일에 제가 정확한 시간과 장소를 알려놓았습니다. **제가 통보를 보낸** 후에 제가 나중에 모두에게 전화를 드리겠습니다.

여러분의 협조에 감사를 드립니다.

한 일 드림

Complete
the E-MAIL

이메일을 영어로 옮길 때 빈칸에 들어갈 알맞은 말을 써 보세요.

Dear Laura Diamond,

_____ everybody is busy, I would rather send an e-mail than call. I changed the date for the regular meeting.

The original date is May 4th, but we have another event on the same date. The two occasions clashes. _____,

we should have checked the monthly schedule. It could have caused trouble.

_____ we would rather delay than cancel the meeting, I chose a different date, May 10th. In the e-mail, I informed the exact time and place.

After _____ the notification, I will call everybody later.

Thank you for your cooperation.

Sincerely,

Il Han

Write in English

아래 힌트 어휘를 참고하면서 해석을 보고 이메일 라이팅을 해 보세요.

모두가 다들 바쁘기 때문에 제가 전화하느니 차라리 이메일을 보냅니다. 제가 정기모임을 위한 날짜를 변경했습니다.

원래 날짜는 5월 4일인데 우리가 같은 날에 또 다른 행사가 있습니다. 그 두 일이 겹칩니다. 우리가 날짜를 정하기 전에 우리가 월간 일정을 확인했어야 했습니다. 그게 문제를 일으킬 뻔했습니다.

우리가 그 모임을 취소하느니 차라리 미룰 것 같기 때문에 제가 다른 날인 5월 10일로 정했습니다. 이메일에 제가 정확한 시간과 장소를 알려놓았습니다. 제가 통보를 보낸 후에 제가 나중에 모두에게 전화를 드리겠습니다.

여러분의 협조에 감사를 드립니다.

- Because everybody is ~ 모두가 ~이기 때문에 ● would rather send 차라리 보냅니다 ● than call 전화하느니, 전화하는 것보다
- changed 변경했습니다 ● on the same date 같은 날에 ● clashes 겹칩니다 ● Before we set 우리가 정하기 전에
- should have checked 확인했어야 했습니다 ● could have caused 일으킬 뻔했습니다
- Because we would rather delay 우리가 차라리 미룰 것이기 때문에 ● than cancel 취소하느니 ● After I send 제가 보낸 후에
- notification 통보

Write it RIGHT

완성된 이메일을 보고 올바로 써 본 후, 네이티브 스피커의 음성을 잘 듣고 큰 소리로 따라 읽어 보세요.

WORD COUNT
97
55-03

Dear Laura Diamond,

Because everybody is busy, I would rather send an e-mail than call. I changed the date for the regular meeting.

The original date is May 4th, but we have another event on the same date. The two occasions clashes. **Before we set the date**, we should have checked the monthly schedule. It could have caused trouble.

Because we would rather delay than cancel the meeting, I chose a different date, May 10th. In the e-mail, I informed the exact time and place. After I **send** the notification, I will call everybody later.

Thank you for your cooperation.

Sincerely,

Il Han

56

가정법 현재 1

가정법 어떤 일을 가정해서 말하거나 쓰기 위해 정해놓은 일정한 언어 법칙을 말한다.

가정법 문장은 접속사 if가 이끄는 부사절과 그 뒤에 연결되는 결론절로 이루어진다.

가정법 현재 현재나 가까운 미래에 일어날 수 있는 일을 가정하며

'If + 주어 + 동사원형 ~, 주어 + 조동사 + 동사원형~'의 형태가 된다. 결론절에 사용되는

조동사에는 will, can 등이 사용된다.

Ex. **If I pass** the test, **I will be** very happy.

만일 제가 그 시험에 **통과한다면** 저는 매우 기쁠 **거예요.**

시작 시간 _____년 _____월 _____일 _____시 _____분

마친 시간 _____년 _____월 _____일 _____시 _____분   총 연습 시간 _____분

(문장.) 시작하기 ①

> '주어 + 동사 + 목적어'의 어순을 갖는 문장 만들기

1 당신이 원해요.

  ‣ You want.

  당신이 가지기를 원해요.

  ‣ You want (( )).

  당신이 이것을 가지기를 원해요. ···▸ 목적격 to부정사 사용

  ‣ You want to have (( )).

• *it*

• *again*

• *have*

• *this*

2 제가 빠뜨려요.

  ‣ I miss.

  제가 그것을 빠뜨려요.

  ‣ I miss (( )).

  제가 그것을 또 빠뜨려요.

  ‣ I miss it (( )).

3 당신이 따라요.

> ‣ You follow.

당신이 그 규칙을 따라요.

> ‣ You follow (   ).

당신이 그 규칙을 조심해서 따라요.

> ‣ You follow the rule (   ).

4 당신이 택해요.

> ‣ You take.

당신이 고속도로를 타요.

> ‣ You take (   ).

당신이 지금 고속도로를 타요.

> ‣ You take a freeway (   ).

- *now*
- *rule*
- *freeway*
- *carefully*

다음 페이지에서 정답을 확인하세요.

문장 확장하기

EXPAND WRITING

*If*를 문장 앞에 붙여 가정법 문장 쓰기

확장된 다음 문장을 영어로 써 보세요.

1 만일 당신이 이것을 가지기를 원한다면

_______ you want to have this,

2 만일 제가 그것을 또 빠뜨린다면

_______ I miss it again,

3 만일 당신이 그 규칙을 조심해서 따른다면

_______ you follow the rule carefully,

4 만일 당신이 지금 고속도로를 탄다면

_______ you take a freeway now,

〈완성 문장 확인하기〉에서 정답을 확인하세요.

(문장 통으로.) 쓰기   WRITE IT OUT

이번에는 전체 문장을 통으로 써 보세요.

1   만일 당신이 이것을 가지기를 원한다면

2   만일 제가 그것을 또 빠뜨린다면

3   만일 당신이 그 규칙을 조심해서 따른다면

4   만일 당신이 지금 고속도로를 탄다면

📖 다음 페이지에서 정답을 확인하세요.

완성 문장을 확인하고 여러 번 쓰고 읽어 보세요. MP3 56-01

1 만일 당신이 이것을 가지기를 원한다면

If you want to have this,

확장 시작···

2 만일 제가 그것을 또 빠뜨린다면

If I miss it again,

확장 시작···

3 만일 당신이 그 규칙을 조심해서 따른다면

If you follow the rule carefully

확장 시작···

4 만일 당신이 지금 고속도로를 탄다면

If you take a freeway now,

확장 시작···

(문장.) 시작하기 ②

조동사가 들어간 문장 만들기
→ 주어 + 조동사 + 동사원형 + 목적어

오른쪽에 주어진 단어를 참고로
다음 문장을 영어로 써 보세요.

1 제가 사요. ‣ I buy.

제가 사줄게요. ‣ I ( ) buy.

제가 그것을 사줄게요. ‣ I will buy ( ).

• *my*

• *it*

• *will*

• *kilometer*

• *can*

• *work*

• *name*

2 그녀는 빼요. ‣ She omits.

그녀는 빼버릴 거예요. ‣ She ( ) omit.

그녀는 제 이름을 빼버릴 거예요.

‣ She will omit ( ).

3 당신은 해요. ‣ You do.

당신은 할 수 있어요. ‣ You ( ) do.

당신은 그 일을 할 수 있어요.

‣ You can do ( ).

4 당신은 달려요. ‣ You run.

당신은 달릴 수 있어요. ‣ You ( ) run.

당신은 90킬로미터를 달릴 수 있어요.

‣ You can run ( ).

다음 페이지에서 정답을 확인하세요.

문장 확장하기 --------→

> **If 사용 문장과 조동사 사용 문장을 합치기**
> → 'If + 주어 + 동사 ~. 주어 + 조동사 + 동사원형 ~'

확장된 다음 문장을 영어로 써 보세요.

1 만일 당신이 이것을 가지기를 원한다면 제가 그것을 사줄게요.

_____, I will buy it.

2 만일 제가 그것을 또 빠뜨린다면 그녀는 제 이름을 빼버릴 거예요.

_____, she will omit my name.

3 만일 당신이 그 규칙을 조심해서 따른다면 당신은 그 일을 할 수 있어요.

_____, you

can do the work.

4 만일 당신이 지금 고속도로를 타면 당신은 90킬로미터를 달릴 수 있어요.

_____, you can run

90 kilometers.

- *again*
- *want*
- *freeway*
- *have*
- *miss*
- *follow*
- *rule*
- *this*
- *take*
- *carefully*

다음 페이지에서 정답을 확인하세요.

140 영어 라이팅 훈련 E-mail writing

전치사구, 부사를 추가해 좀 더 풍성한 문장 만들기

더 확장된 다음 문장을 영어로 써 보세요.

1 만일 당신이 이것을 가지기를 원한다면 제가 당신을 위해서 그것을 사줄게요.

If you want to have this, I will buy it _____ .

2 만일 제가 그것을 또 빠뜨린다면 그녀는 그 명단으로부터 제 이름을 빼버릴 거예요.

If I miss it again, she will omit my name _____ .

3 만일 당신이 그 규칙을 조심해서 따른다면 당신은 그 일을 무난하게 할 수 있어요.

If you follow the rule carefully, you can do the work _____ .

4 만일 당신이 지금 고속도로를 타면 당신은 한 시간 안에 90킬로미터를 달릴 수 있어요.

If you take a freeway now, you can run 90 kilometers _____ .

📖
〈완성 문장 확인하기〉에서 정답을 확인하세요.

(문장 통으로.) 쓰기   **WRITE** IT OUT

이번에는 전체 문장을 통으로 써 보세요.

1   만일 당신이 이것을 가지기를 원한다면 제가 당신을 위해서 그것을 사줄게요.

2   만일 제가 그것을 또 빠뜨린다면 그녀는 그 명단으로부터 제 이름을 빼버릴 거예요.

3   만일 당신이 그 규칙을 조심해서 따른다면 당신은 그 일을 무난하게 할 수 있어요.

4   만일 당신이 지금 고속도로를 타면 당신은 한 시간 안에 90킬로미터를 달릴 수 있어요.

📖 다음 페이지에서 정답을 확인하세요.

Check it out
완성 문장 확인하기

완성 문장을 확인하고 여러 번 쓰고 읽어 보세요. MP3 56-02

1 만일 당신이 이것을 가지기를 원한다면 제가 당신을 위해서 그것을 사줄게요.

If you want to have this, **I will buy** it for you.

확장·· 시작······························· 더 확장···········

2 만일 제가 그것을 또 빠뜨린다면 그녀는 그 명단으로부터 제 이름을 빼버릴 거예요.

If I miss it again, **she will omit** my name from the list.

확장···································· 시작·· 더 확장·······················

3 만일 당신이 그 규칙을 조심해서 따른다면 당신은 그 일을 무난하게 할 수 있어요.

If you follow the rule carefully, **you can do** the work easily.

확장··· 시작······························· 더 확장·······

4 만일 당신이 지금 고속도로를 타면 당신은 한 시간 안에 90킬로미터를 달릴 수 있어요.

If you take a freeway now, **you can run** 90 kilometers (in)

확장··· 시작······························· 더 확장

an hour.

57

가정법 현재 2

가정법 어떤 일을 가정해서 말하거나 쓰기 위해서 정해놓은 일정한 언어 법칙을 말한다.

가정법 문장은 접속사 if가 이끄는 부사절과 그 뒤에 연결되는 결론절로 이루어진다.

가정법 현재 상식적으로 볼 때 현실에서 있을 수 있는 일을 가정하며 'If + 주어 + 현재동사

~, 주어 + 조동사 + 동사원형 ~'의 형태가 된다. 결론절에 사용되는

조동사에는 should, may 등이 사용된다.

Ex. **If it is** good, **I may buy.** 만일 그것이 좋다면 저는 살지도 몰라요.

시작 시간 _____년 _____월 _____일 _____시 _____분

마친 시간 _____년 _____월 _____일 _____시 _____분   총 연습 시간 _____분

(문장.) 시작하기 ①

오른쪽에 주어진 단어를 참고로
다음 문장을 영어로 써 보세요.

‘주어 + 동사 + 목적어’ 또는 ‘주어 + *be*동사 + 보어’의
어순을 갖는 문장 만들기

1 그들이 팔아요. ▸ (( )).

그들이 같은 것을 팔아요.

▸ They sell (( )).

- *discount*

- *thing*

- *me*

- *true*

- *the same*

2 당신은 필요해요. ▸ (( )).

당신은 가격할인이 필요해요.

▸ You need (( )).

3 그들이 고용해요. ▸ (( )).

그들이 저를 고용해요.

▸ They hire (( )).

4 그 소문이 ~이에요. ▸ (( )).

그 소문이 사실이에요.

▸ The rumor is (( )).

다음 페이지에서 정답을 확인하세요.

문장 **확장**하기 ------------▶

확장된 다음 문장을 영어로 써 보세요.

If를 문장 앞에 붙여 가정법 문장 만들기

1 만일 그들이 같은 것을 판다면

_____ they sell the same thing,

2 만일 당신이 가격할인이 필요하면

_____ you need a discount,

3 만일 그들이 저를 고용한다면

_____ they hire me,

4 만일 그 소문이 사실이라면

_____ the rumor is true,

〈완성 문장 확인하기〉에서 정답을 확인하세요.

(문장 통으로.) 쓰기　　　**WRITE** IT OUT

이번에는 전체 문장을 통으로 써 보세요.

1　만일 그들이 같은 것을 판다면

2　만일 당신이 가격할인이 필요하면

3　만일 그들이 저를 고용한다면

4　만일 그 소문이 사실이라면

📖 다음 페이지에서 정답을 확인하세요.

Check it out
완성 문장 **확인하기**

완성 문장을 확인하고 여러 번 쓰고 읽어 보세요. MP3 57-01

1 만일 그들이 같은 것을 판다면

If they sell the same thing,

확장 시작···

2 만일 당신이 가격할인이 필요하면

If you need a discount,

확장 시작···

3 만일 그들이 저를 고용한다면

If they hire me,

확장 시작······································

4 만일 그 소문이 사실이라면

If the rumor is true,

확장 시작·······································

(문장.) 시작하기 ②

조동사가 들어간 문장 만들기 → 주어 + 조동사 + 동사원형

오른쪽에 주어진 단어를 참고로
다음 문장을 영어로 써 보세요.

1 저는 교환해요. ‣ I exchange.

저는 교환해야만 해요. ‣ I (   ).

2 당신은 와요. ‣ You come.

당신은 와야만 해요. ‣ You (   ).

3 그들이 고용해요. ‣ They hire.

그들이 고용할지도 몰라요. ‣ They (   ).

4 그는 다른 데로 보내요. ‣ He relocates.

그는 다른 데로 보낼지도 몰라요.

‣ He (   ).

• *come*

• *may*

• *relocate*

• *exchange*

• *should*

• *hire*

다음 페이지에서 정답을 확인하세요.

문장 **확장**하기 ----------→

> *If* 사용 문장과 조동사 사용 문장을 합치기
> '*If* + 주어 + 현재 동사 ~, 주어 + 조동사 + 동사원형 ~'

확장된 다음 문장을 영어로 써 보세요.

1 만일 그들이 같은 것을 판다면 저는 교환해야만 해요.

_____,

I should exchange.

2 만일 당신이 가격할인이 필요하면 당신은 와야만 해요.

_____,

you should come.

3 만일 그들이 저를 고용한다면 그들이 고용할지도 몰라요.

_____,

they may hire.

4 만일 그 소문이 사실이라면 그는 다른 데로 보낼지도 몰라요.

_____,

he may relocate.

- *need*
- *hire*
- *sell*
- *they*
- *thing*
- *rumor*
- *you*
- *discount*
- *same*
- *me*

📖
다음 페이지에서 정답을 확인하세요.

Day 57. 가정법 현재 2   151

더 확장된 다음 문장을 영어로 써 보세요.

목적어, 부사를 추가해 좀 더 풍성한 내용 만들기

1 만일 그들이 같은 것을 판다면 저는 제 것을 교환해야만 해요.

If they sell the same thing, I should exchange _____.

2 만일 당신이 가격할인이 필요하면 당신은 일찍 와야만 해요.

If you need a discount, you should come _____.

3 만일 그들이 저를 고용한다면 그들이 당신도 역시 고용할지도 몰라요.

If they hire me, they may hire _____.

4 만일 그 소문이 사실이라면 그는 당신을 다른 데로 보낼지도 몰라요.

If the rumor is true, he may relocate _____.

〈완성 문장 확인하기〉에서 정답을 확인하세요.

(문장 통으로.) 쓰기　　　WRITE IT OUT

이번에는 전체 문장을 통으로 써 보세요.

1　만일 그들이 같은 것을 판다면 저는 제 것을 교환해야만 해요.

2　만일 당신이 가격할인이 필요하면 당신은 일찍 와야만 해요.

3　만일 그들이 저를 고용한다면 그들이 당신도 역시 고용할지도 몰라요.

4　만일 그 소문이 사실이라면 그는 당신을 다른 데로 보낼지도 몰라요.

다음 페이지에서 정답을 확인하세요.

Check it out
완성 문장 확인하기

완성 문장을 확인하고 여러 번 쓰고 읽어 보세요. MP3 57-02

① 만일 그들이 같은 것을 판다면 저는 제 것을 교환해야만 해요.

If they sell the same thing, **I should exchange** mine.

확장·· 시작 ··· 더 확장 ······

② 만일 당신이 가격할인이 필요하면 당신은 일찍 와야만 해요.

If you need a discount, **you should come** early.

확장·· 시작 ··· 더 확장 ······

③ 만일 그들이 저를 고용한다면 그들이 당신도 역시 고용할지도 몰라요.

If they hire me, **they may hire** you, too.

확장·· 시작 ··· 더 확장 ······

④ 만일 그 소문이 사실이라면 그는 당신을 다른 데로 보낼지도 몰라요.

If the rumor is true, **he may relocate** you.

확장·· 시작 ··· 더 확장 ···

58

가정법 과거

가정법 과거 현실과 반대되는 불가능한 일을 상상하거나 가정하며
가정법 현재의 반대 개념이다. 'If + 주어 + 과거동사 ~, 주어 + would/should/could/
might + 동사원형 ~'의 형태를 취한다.

If 절에 쓰인 과거동사 현실과 반대되는 불가능한 소원이나 바람을 말하고 있으므로 현실과
반대되는 시제를 사용한다. 현실(현재)과 반대되는 시제는 과거이다.
be동사의 경우 인칭·수에 상관없이 were를 쓴다.

Ex. **If** I **were** you, I **would** do that.

만일 제가 당신**이라면** 저는 그걸 할 **텐데요.** (현재 사실 – 나는 당신이 아니다)

시작 시간 _____년 _____월 _____일 _____시 _____분

마친 시간 _____년 _____월 _____일 _____시 _____분　　　총 연습 시간 _____분

가정법 과거 연습하기

다음 문장을 영어로 써 보세요.

현재 사실과 반대되는 내용을 말하기 위해 *If*절의 동사를 과거로 만들고
결론절의 *will, can, may*를 *would, could, might*로 고쳐 쓰기

[가정법 현재]

만일 제가 로또에 당첨이 된다면 저는 집과 땅을 살 거예요.

If I *win* the lottery, I *will* buy a house and land.

그럴 리야 없지만 만일 제가 로또에 당첨이 된다면 저는 집과 땅을 살 텐데요.

If I   the lottery, I   buy a house and land.

[가정법 현재]

만일 우리가 그 기계를 고칠 수 있다면 우리는 가게를 열 수 있어요.

If we *can* repair the machine, we *can* open a shop.

그럴 리야 없지만 만일 우리가 그 기계를 고칠 수 있다면 우리는 가게를 열 수 있을 텐데요.

If we   repair the machine, we   open a shop.

[가정법 현재]

만일 그들이 그것을 만진다면 그들의 지문이 있게 될 거예요.

If they *touch* it, there *may* be their fingerprints.

그럴 리야 없지만 만일 그들이 그것을 만진다면 그들의 지문이 있게 될 텐데요.

If they   it, there   be their fingerprints.

[가정법 현재]
만일 당신이 거기 있다면 당신은 그것을 목격할 수 있어요.
If you *are* there, you *can* witness it.

그럴 리야 없지만 만일 당신이 거기 있다면 당신은 그것을 목격할 수 있을 텐데요.

If you   there, you   witness it.

[가정법 현재]
만일 그가 지금 오고 있는 중이라면 저는 행복할 거예요.
If he *is* coming now, I *will* be happy.

그럴 리야 없지만 만일 그가 지금 오고 있는 중이라면 저는 행복할 텐데요.

If he   coming now, I   be happy.

[가정법 현재]
만일 제가 당신이라면 저는 사과 먼저 할 거예요.
If I *am* you, I *will* apologize first.

그럴 리야 없지만 만일 제가 당신이라면 저는 사과 먼저 할 텐데요.

If I   you, I   apologize first.

📖 다음 페이지에서 정답을 확인하세요.

Check it out
완성 문장 **확인하기**

완성 문장을 확인하고 여러 번 쓰고 읽어 보세요. MP3 58-01

[가정법 현재]

만일 제가 로또에 당첨이 된다면 저는 집과 땅을 살 거예요.

If I *win* the lottery, I *will* buy a house and land.

그럴 리야 없지만 만일 제가 로또에 당첨이 된다면 저는 집과 땅을 살 텐데요.

If I *won* the lottery, I *would* buy a house and land.

[가정법 현재]

만일 우리가 그 기계를 고칠 수 있다면 우리는 가게를 열 수 있어요.

If we *can* repair the machine, we *can* open a shop.

그럴 리야 없지만 만일 우리가 그 기계를 고칠 수 있다면 우리는 가게를 열 수 있을 텐데요.

If we *could* repair the machine, we *could* open a shop.

[가정법 현재]

만일 그들이 그것을 만진다면 그들의 지문이 있게 될 거예요.

If they *touch* it, there *may* be their fingerprints.

그럴 리야 없지만 만일 그들이 그것을 만진다면 그들의 지문이 있게 될 텐데요.

If they *touched* it, there *might* be their fingerprints.

[가정법 현재]

만일 당신이 거기 있다면 당신은 그것을 목격할 수 있어요.

If you *are* there, you *can* witness it.

그럴 리야 없지만 만일 당신이 거기 있다면 당신은 그것을 목격할 수 있을 텐데요.

If you ⎡*were*⎤ there, you ⎡*could*⎤ witness it.

[가정법 현재]

만일 그가 지금 오고 있는 중이라면 저는 행복할 거예요.

If he *is* coming now, I *will* be happy.

그럴 리야 없지만 만일 그가 지금 오고 있는 중이라면 저는 행복할 텐데요.

If he ⎡*were*⎤ coming now, I ⎡*would*⎤ be happy.

[가정법 현재]

만일 제가 당신이라면 저는 사과 먼저 할 거예요.

If I *am* you, I *will* apologize first.

그럴 리야 없지만 만일 제가 당신이라면 저는 사과 먼저 할 텐데요.

If I ⎡*were*⎤ you, I ⎡*would*⎤ apologize first.

(문장.) 시작하기 ①

> **'If + 주어 + 과거동사 ~'의 어순으로
> 현재 사실과 반대되는 문장 쓰기**

오른쪽에 주어진 단어를 참고로
다음 문장을 영어로 써 보세요.

1 저는 가져요.

‣ I have.

만일 제가 가진다면 ⋯ **가정법 현재**

‣ (   ) I have,

그럴 리가 없지만 만일 제가 가진다면 ⋯ **가정법 과거 – 현재 사실과 반대**

‣ If I ((   )),

- *have*

- *if*

- *break*

2 누군가가 부수어요.

‣ Someone breaks.

만일 누군가가 부순다면 ⋯ **가정법 현재**

‣ ((   )) someone breaks,

그럴 리가 없지만 만일 누군가가 부순다면 ⋯ **가정법 과거 – 현재 사실과 반대**

‣ If someone ((   )),

3   Sam이 폭로해요.   • *reveal*

‣ Sam reveals.   • *if*

만일 Sam이 폭로한다면 … 가정법 현재

‣ (　　　　　　　) Sam reveals,

그럴 리가 없지만 만일 Sam이 폭로한다면 … 가정법 과거 – 현재 사실과 반대

‣ If Sam (　　　　　　　　　　),

다음 페이지에서 정답을 확인하세요.

문장 확장하기 --------→

> 가정법 과거 문장에 목적어를 추가해
> 좀 더 내용이 풍성한 문장으로 만들기

확장된 다음 문장을 영어로 써 보세요.

- *secret*
- *night*
- *chance*
- *window*
- *at*

1 그럴 리가 없지만 만일 제가 기회를 가진다면 ···→ 가정법 과거 – 현재 사실과 반대

If I had _____,

2 그럴 리가 없지만 만일 누군가가 창문을 밤에 부순다면.
···→ 가정법 과거 – 현재 사실과 반대

If someone broke _____,

3 그럴 리가 없지만 만일 Sam이 그 비밀을 폭로한다면 ···→ 가정법 과거 – 현재 사실과 반대

If Sam revealed _____,

〈완성 문장 확인하기〉에서 정답을 확인하세요.

(문장 통으로.) 쓰기

이번에는 전체 문장을 통으로 써 보세요.

1 그럴 리가 없지만 만일 제가 기회를 가진다면

2 그럴 리가 없지만 만일 누군가가 창문을 밤에 부순다면

3 그럴 리가 없지만 만일 Sam이 그 비밀을 폭로한다면

📖 다음 페이지에서 정답을 확인하세요.

Check it out
완성 문장 **확인하기**

완성 문장을 확인하고 여러 번 쓰고 읽어 보세요. MP3 58-02

❶ 그럴 리가 없지만 만일 제가 기회를 가진다면

If I had a chance,

시작·················· 확장·························

❷ 그럴 리가 없지만 만일 누군가가 창문을 밤에 부순다면

If someone broke the window at night,

시작······································· 확장·····································

❸ 그럴 리가 없지만 만일 Sam이 그 비밀을 폭로한다면

If Sam revealed the secret,

시작································· 확장·······················

(문장.) 시작하기 ②

오른쪽에 주어진 단어를 참고로
다음 문장을 영어로 써 보세요.

1 저는 해요. ▸ I do.

• *might*

저는 할 텐데요. ⋯ 가정법 과거

• *could*

▸ I (   ) do.

저는 저의 최선을 다할 텐데요.

• *would*

▸ I (   ) do my best.

2 저는 들어요 ▸ I hear.

저는 들을 수 있을 텐데요. ⋯ 가정법 과거

▸ I (   ) hear.

저는 그 소음을 들을 수 있을 텐데요.

▸ I (   ) hear the noise.

3 그는 도망가요. ▸ He runs away.

그는 도망갈지도 몰라요. ⋯ 가정법 과거

▸ He (   ) run away.

그는 다음날로 도망갈지도 몰라요.

▸ He (   ) run away next day.

다음 페이지에서 정답을 확인하세요.

문장 **확장**하기 ┈┈┈┈┈┈┈►

> *If*절과 결론절을 합쳐 문장 완성하기 → *'If* + 주어 + 과거동사 ~, 주어 + *would/could/might* + 동사원형 ~'

확장된 다음 문장을 영어로 써 보세요.

1 그럴 리가 없지만 만일 제가 기회를 가진다면 저는 저의

최선을 다할 텐데요. ┈ 현재 사실과 반대

• *secret*

• *night*

• *chance*

• *window*

• *at*

_____,

I would do my best.

2 그럴 리가 없지만 만일 누군가가 창문을 밤에 부순다면

저는 그 소음을 들을 수 있을 텐데요. ┈ 현재 사실과 반대

_____,

I could hear the noise.

3 그럴 리가 없지만 만일 Sam이 그 비밀을 폭로한다면

그는 다음날로 도망갈지도 몰라요. ┈ 현재 사실과 반대

_____,

he might run away next day.

〈완성 문장 확인하기〉에서 정답을 확인하세요.

(문장 통으로.) 쓰기

이번에는 전체 문장을 통으로 써 보세요.

1 그럴 리가 없지만 만일 제가 기회를 가진다면 저는 저의 최선을 다할 텐데요.

2 그럴 리가 없지만 만일 누군가가 창문을 밤에 부순다면 저는 그 소음을 들을 수 있을 텐데요.

3 그럴 리가 없지만 만일 Sam이 그 비밀을 폭로한다면 그는 다음날로 도망갈지도 몰라요.

📖 다음 페이지에서 정답을 확인하세요.

완성 문장 확인하기

완성 문장을 확인하고 여러 번 쓰고 읽어 보세요. MP3 58-03

1 그럴 리가 없지만 만일 제가 기회를 가진다면 저는 저의 최선을 다할 텐데요.

If I had a chance, **I would do** my best.

확장···시작·····································

2 그럴 리가 없지만 만일 누군가가 창문을 밤에 부순다면 저는 그 소음을 들을 수 있을 텐데요.

If someone broke the window at night, **I could hear** the

확장···시작···························

noise.

··················

3 그럴 리가 없지만 만일 Sam이 그 비밀을 폭로한다면 그는 다음날로 도망갈지도 몰라요.

If Sam revealed the secret, **he might run** away next day.

확장·······································시작···

STARTWRITING (문장.) 시작하기 ③

> 'If + 주어 + were ~'의 어순으로
> 현재 사실과 반대되는 문장 쓰기

1 그것이 맛있어요.   ‣ It is delicious.

• *were*

만일 그것이 맛있다면 ⋯ 가정법 현재

• *if*

‣ (   ) it is delicious,

그럴 리가 없지만 만일 그것이 맛있다면 ⋯ 가정법 과거 – 현재 사실과 반대

‣ (   ) it (   ) delicious,

2 그가 저예요.   ‣ He is me.

만일 그가 저라면 ⋯ 가정법 현재

‣ (   ) he is me,

그럴 리가 없지만 만일 그가 저라면 ⋯ 가정법 과거 – 현재 사실과 반대

‣ (   ) he (   ) me,

3 그 담이 낮아요.   ‣ The fence is low.

만일 그 담이 낮다면 ⋯ 가정법 현재

‣ (   ) the fence is low.

그럴 리가 없지만 만일 그 담이 낮다면 ⋯ 가정법 과거 – 현재 사실과 반대

‣ (   ) the fence (   ) low,

다음 페이지에서 정답을 확인하세요.

Check it out
완성 문장 확인하기

완성 문장을 확인하고 여러 번 쓰고 읽어 보세요. MP3 58-04

❶

그것이 맛있어요. ‣ It is delicious.

만일 그것이 맛있다면 … **가정법 현재** ‣ **If** it is delicious,

그럴 리가 없지만 만일 그것이 맛있다면 … **가정법 과거 – 현재 사실과 반대**

‣ **If** it **were** delicious,

❷

그가 저예요. ‣ He is me.

만일 그가 저라면 … **가정법 현재** ‣ **If** he is me,

그럴 리가 없지만 만일 그가 저라면 … **가정법 과거 – 현재 사실과 반대**

‣ **If** he **were** me,

❸

그 담이 낮아요. ‣ The fence is low.

만일 그 담이 낮다면 … **가정법 현재** ‣ **If** the fence is low,

그럴 리가 없지만 만일 그 담이 낮다면 … **가정법 과거 – 현재 사실과 반대**

‣ **If** the fence **were** low,

(문장.) 시작하기 ④

'주어 + *would/could/might* + 동사원형'의 어순으로
결론절 쓰기

오른쪽에 주어진 단어를 참고로
다음 문장을 영어로 써 보세요.

1 저는 먹어요.   ▸ I eat.

    저는 먹을 텐데요. ⋯ 가정법 과거   ▸ I (   ) eat.

    저는 더 먹을 텐데요.   ▸ I (   ) eat more.

- *could*
- *might*
- *would*

2 그는 이해해요.

  ▸ He understands.

    그는 이해할 수 있을 텐데요. ⋯ 가정법 과거

  ▸ He (   ) understand.

    그는 저의 상황을 이해할 수 있을 텐데요.

  ▸ He (   ) understand my situation.

3 그 개가 탈출해요.

  ▸ The dog escapes.

    그 개가 탈출할지도 몰라요. ⋯ 가정법 과거

  ▸ The dog (   ) escape.

    그 개가 쉽게 탈출할지도 몰라요.

  ▸ The dog (   ) escape easily.

📖
다음 페이지에서 정답을 확인하세요.

문장 확장하기 --------→

확장된 다음 문장을 영어로 써 보세요.

> *If*절과 결론절을 합쳐 문장 완성하기 → '*If* + 주어 + *were* ~, 주어 + *would/could/might* + 동사원형 ~'

1 그럴 리가 없지만 만일 그것이 맛있다면 저는 더 먹을 텐데요.

⋯→ 현재 사실과 반대

_____ ,

I would eat more.

2 그럴 리가 없지만 만일 그가 저라면 그는 저의 상황을 이해할 수

있을 텐데요. ⋯ 현재 사실과 반대

_____ ,

he could understand my situation.

3 그럴 리가 없지만 만일 그 담이 낮다면 그 개가 쉽게 탈출할지

도 몰라요. ⋯ 현재 사실과 반대

_____ ,

the dog might escape easily.

- *he*
- *low*
- *were*
- *delicious*
- *fence*
- *me*
- *it*

📖
〈완성 문장 확인하기〉에서 정답을 확인하세요.

(문장 통으로.) 쓰기   **WRITE** IT OUT

이번에는 전체 문장을 통으로 써 보세요.

1   그럴 리가 없지만 만일 그것이 맛있다면 저는 더 먹을 텐데요.

2   그럴 리가 없지만 만일 그가 저라면 그는 저의 상황을 이해할 수 있을 텐데요.

3   그럴 리가 없지만 만일 그 담이 낮다면 그 개가 쉽게 탈출할지도 몰라요.

📖 다음 페이지에서 정답을 확인하세요.

Check it out
완성 문장 확인하기

완성 문장을 확인하고 여러 번 쓰고 읽어 보세요. MP3 58-05

1 그럴 리가 없지만 만일 그것이 맛있다면 저는 더 먹을 텐데요.

If it were delicious, **I would eat** more.

확장·································· 시작··································

2 그럴 리가 없지만 만일 그가 저라면 그는 저의 상황을 이해할 수 있을 텐데요.

If he were me, **he could understand** my situation.

확장·································· 시작··································

3 그럴 리가 없지만 만일 그 담이 낮다면 그 개가 쉽게 탈출할지도 몰라요.

If the fence were low, **the dog might escape** easily.

확장·································· 시작··································

59

가능한 일과 불가능한 일 표현하기

hope 현실적으로 가능한 일을 희망할 때 쓴다. 주로 '희망하다, 바라다'로 해석한다.

wish 해석은 hope와 같지만 현실적으로 불가능한 일을 소망할 때도 쓰므로 주의해야 한다.

Without ~ 현재 또는 과거와 반대되는 일을 가정하는 표현으로, 주로 '~가 없다면 (현재와 반대되는 일)', '~가 없었더라면(과거와 반대되는 일)'으로 해석한다.

시작 시간 _____년 _____월 _____일 _____시 _____분

마친 시간 _____년 _____월 _____일 _____시 _____분   총 연습 시간 _____분

(문장.) 시작하기 ①

> *hope*가 들어간 문장 써 보기 → 주어 + *hope*

오른쪽에 주어진 단어를 참고로
다음 문장을 영어로 써 보세요.

1 저는 희망해요.

    《   》

2 우리는 희망해요.

    《   》

3 그들은 희망해요.

    《   》

4 그는 희망해요.

    《   》

5 그녀는 희망해요.

    《   》

- *she*
- *we*
- *I*
- *they*
- *he*

다음 페이지에서 정답을 확인하세요.

Check it out
완성 문장 확인하기

완성 문장을 확인하고 여러 번 쓰고 읽어 보세요. MP3 59-01

1 저는 희망해요.

I hope.

2 우리는 희망해요.

We hope.

3 그들은 희망해요.

They hope.

4 그는 희망해요.

He hopes.

5 그녀는 희망해요.

She hopes.

(문장.) 시작하기 ②

> *hope* 또는 *wish* 뒤에 쓸 문장 만들기 → 주어 + 동사

오른쪽에 주어진 단어를 참고로
다음 문장을 영어로 써 보세요.

1 그 약이 완화시켜 주어요.

(   )

2 우리는 도달할 수 있어요. ···· can보다 더 확실한 능력

(   )

3 그들의 학생들은 획득해요.

(   )

4 그의 친구가 용서해 줘요.

(   )

5 그것은 쉬워요.

(   )

- *friend*
- *reach*
- *medication*
- *easy*
- *be able to*
- *student*
- *soothe*
- *forgive*
- *gain*
- *their*

다음 페이지에서 정답을 확인하세요.

문장 **확장**하기 ·······························▶

> 목적어, 전치사구를 추가해
> 내용이 좀 더 풍부한 문장 만들기

확장된 다음 문장을 영어로 써 보세요.

1 그 약이 통증을 완화시켜 주어요.

The medication soothes _____.

• *goal*

• *us*

• *good*

2 우리는 그 목표에 도달할 수 있어요.

We are able to reach _____.

• *pain*

• *him*

• *score*

3 그들의 학생들은 좋은 성적을 획득해요.

Their students gain _____.

4 그의 친구가 그를 용서해 줘요.

His friend forgives _____.

5 그것은 우리에게 쉬워요.

It is easy _____.

📖
다음 페이지에서 정답을 확인하세요.

문장 **더** 확장하기 EXPAND WRITING+

> *hope* 또는 *wish* 뒤에 앞에서 준비한 문장 쓰기.
> *wish* 뒤에 쓸 때는 시제를 과거로 바꿔주기

더 확장된 다음 문장을 영어로 써 보세요.

1 저는 그 약이 통증을 완화시켜주기를 희망해요. ···› 가능성이 있는 일을 희망

_____ . the medication soothes pain.
_____

저는 그 약이 통증을 완화시켜주기를 희망해요. ···› 가능성이 없어 보이는 일을 희망

the medication _____ pain.
_____

2 우리는 그 목표에 도달할 수 있기를 희망해요. ···› 가능성이 있는 일을 희망

we are able to reach the goal.
_____

우리는 그 목표에 도달할 수 있기를 희망해요. ···› 가능성이 없어 보이는 일을 희망

we _____ able to reach the goal.
_____

3 그들은 그들의 학생들이 좋은 성적을 획득하기를 희망해요. ···› 가능성이 있는 일을 희망

their students gain good scores.
_____

그들은 그들의 학생들이 좋은 성적을 획득하기를 희망해요. ···› 가능성이 없어 보이는 일을 희망

their students _____ good scores.
_____

4 그는 그의 친구가 그를 용서해 주기를 희망해요. ⋯→ 가능성이 있는 일을 희망

his friend forgives him.

그는 그의 친구가 그를 용서해 주기를 희망해요. ⋯→ 가능성이 없어 보이는 일을 희망

his friend   him.

---

5 그녀는 그것이 우리에게 쉽기를 희망해요. ⋯→ 가능성이 있는 일을 희망

it is easy for us.

그녀는 그것이 우리에게 쉽기를 희망해요. ⋯→ 가능성이 없어 보이는 일을 희망

it   easy for us.

📖
〈완성 문장 확인하기〉에서 정답을 확인하세요.

(문장 통으로.) 쓰기 **WRITE** IT OUT

이번에는 전체 문장을 통으로 써 보세요.

1 저는 그 약이 통증을 완화시켜주기를 희망해요. ··· 가능성이 있는 일을 희망

저는 그 약이 통증을 완화시켜주기를 희망해요. ··· 가능성이 없어 보이는 일을 희망

2 우리는 그 목표에 도달할 수 있기를 희망해요. ··· 가능성이 있는 일을 희망

우리는 그 목표에 도달할 수 있기를 희망해요. ··· 가능성이 없어 보이는 일을 희망

3 그들은 그들의 학생들이 좋은 성적을 획득하기를 희망해요. ··· 가능성이 있는 일을 희망

그들은 그들의 학생들이 좋은 성적을 획득하기를 희망해요. ··· 가능성이 없어 보이는 일을 희망

4   그는 그의 친구가 그를 용서해 주기를 희망해요. ⋯ 가능성이 있는 일을 희망

그는 그의 친구가 그를 용서해 주기를 희망해요. ⋯ 가능성이 없어 보이는 일을 희망

5   그녀는 그것이 우리에게 쉽기를 희망해요. ⋯ 가능성이 있는 일을 희망

그녀는 그것이 우리에게 쉽기를 희망해요. ⋯ 가능성이 없어 보이는 일을 희망

📖 다음 페이지에서 정답을 확인하세요.

Check it out
완성 문장 확인하기

완성 문장을 확인하고 여러 번 쓰고 읽어 보세요. MP3 59-02

1 저는 그 약이 통증을 완화시켜주기를 희망해요. ···→ 가능성이 있는 일을 희망

I hope the medication **soothes** pain.

더 확장·········· 시작··· 확장·········

저는 그 약이 통증을 완화시켜주기를 희망해요. ···→ 가능성이 없어 보이는 일을 희망

I wish the medication **soothed** pain.

2 우리는 그 목표에 도달할 수 있기를 희망해요. ···→ 가능성이 있는 일을 희망

We hope we **are** able to reach the goal.

더 확장················ 시작··································· 확장···············

우리는 그 목표에 도달할 수 있기를 희망해요. ···→ 가능성이 없어 보이는 일을 희망

We wish we **were** able to reach the goal.

3 그들은 그들의 학생들이 좋은 성적을 획득하기를 희망해요. ···→ 가능성이 있는 일을 희망

They hope their students **gain** good scores.

더 확장················ 시작····························· 확장·······························

그들은 그들의 학생들이 좋은 성적을 획득하기를 희망해요. ···→ 가능성이 없어 보이는 일을 희망

They wish their students **gained** good scores.

4 그는 그의 친구가 그를 용서해 주기를 희망해요. ···· 가능성이 있는 일을 희망

He **hopes** his friend **forgives** him.

더 확장·················· 시작························· 확장·······

그는 그의 친구가 그를 용서해 주기를 희망해요. ···· 가능성이 없어 보이는 일을 희망

He **wishes** his friend **forgave** him.

5 그녀는 그것이 우리에게 쉽기를 희망해요. ···· 가능성이 있는 일을 희망

She **hopes** it **is** easy for us.

더 확장·················· 시작··············· 확장··········

그녀는 그것이 우리에게 쉽기를 희망해요. ···· 가능성이 없어 보이는 일을 희망

She **wishes** it **were** easy for us.

어구 시작하기

다음 어구를 영어로 써 보세요.

> *'would/should/could/might + have + 과거분사'*의
> 어순으로 과거 사실과 반대를 표현하기

고통을 겪다 ▸ suffer

고통을 겪었을 것이다 ⋯ 과거 사실과 반대 – would have 사용 ▸

실패하다 ▸ fail

실패했을 것이다 ⋯ 과거 사실과 반대 – would have 사용 ▸

겪다 ▸ experience

겪었을지 모른다 ⋯ 과거 사실과 반대 – might have 사용 ▸

낭비하다 ▸ waste

낭비했을 수도 있다 ⋯ 과거 사실과 반대 – could have 사용 ▸

지불하다 ▸ pay

지불했어야 했을 것이다 ⋯ 과거 사실과 반대 – should have 사용 ▸

📖
다음 페이지에서 정답을 확인하세요.

고통을 겪다 ▸ suffer

고통을 겪었을 것이다 ⋯ 과거 사실과 반대 – would have 사용 ▸ **would have** suffer**ed**

실패하다 ▸ fail

실패했을 것이다 ⋯ 과거 사실과 반대 – would have 사용 ▸ **would have** failed

겪다 ▸ experience

겪었을지 모른다 ⋯ 과거 사실과 반대 – might have 사용 ▸ **might have** experienced

낭비하다 ▸ waste

낭비했을 수도 있다 ⋯ 과거 사실과 반대 – could have 사용 ▸ **could have** wasted

지불하다 ▸ pay

지불했어야 했을 것이다 ⋯ 과거 사실과 반대 – should have 사용 ▸ **should have** paid

(문장.) 시작하기

'Without + 명사' 표현하기

1 그 약이 없었더라면

( )

2 당신이 없었더라면

( )

3 그 선생님들이 없었더라면

( )

4 그녀의 도움이 없었더라면

( )

5 그의 친구가 없었더라면

( )

• *help*

• *his*

• *teacher*

• *friend*

• *you*

• *medication*

• *her*

❖ Without ~는 현재 또는 과거 사실의 반대를 말할 수 있다. 위의 예에서처럼 과거 사실의 반대를 말하는 경우 'Without ~, 주어 + 조동사 + have + 과거분사 ~'의 형태를 취하며 현재 사실의 반대를 말하는 경우에는 'Without ~, 주어 + 조동사 + 동사원형 ~'의 형태를 취한다. 따라서 Without ~ 부분을 어떻게 해석할지는 주변 내용을 보고 판단하면 쉽다.

📖 다음 페이지에서 정답을 확인하세요.

문장 **확장**하기 ·······▶

> *Without* ~와 *would, should, could, might*가 들어간
> 문장을 합쳐 하나의 연결된 내용으로 만들기

확장된 다음 문장을 영어로 써 보세요.

1 그 약이 없었더라면 저는 고통을 겪었을 거예요.

Without the medication, _____.

2 당신이 없었더라면 우리는 실패했을 거예요.

Without you, _____.

3 그 선생님들이 없었더라면 그 학생들은 어려움을 겪었을지 몰라요.

Without the teachers, _____

_____.

4 그녀의 도움이 없었더라면 우리는 우리의 시간을 낭비했을 수도

있어요.

Without her help, _____

_____.

5 그의 친구가 없었더라면 그가 그 값을 지불했어야 했을 거예요.

Without his friend, _____

_____.

- *waste*
- *price*
- *pay*
- *time*
- *experience*
- *difficulty*
- *fail*
- *suffer*

📖
〈완성 문장 확인하기〉에서 정답을 확인하세요.

Day 59. 가능한 일과 불가능한 일 표현하기 189

(문장 통으로.) 쓰기

이번에는 전체 문장을 통으로 써 보세요.

1 그 약이 없었더라면 저는 고통을 겪었을 거예요.

2 당신이 없었더라면 우리는 실패했을 거예요.

3 그 선생님들이 없었더라면 그 학생들은 어려움을 겪었을지 몰라요.

4 그녀의 도움이 없었더라면 우리는 우리의 시간을 낭비했을 수도 있어요.

5 그의 친구가 없었더라면 그가 그 값을 지불했어야 했을 거예요.

📖 다음 페이지에서 정답을 확인하세요.

Check it out
완성 문장 확인하기

완성 문장을 확인하고 여러 번 쓰고 읽어 보세요. MP3 59-04

1 그 약이 없었더라면 저는 고통을 겪었을 거예요.

Without the medication, I **would have suffered.**

시작··· 확장···

2 당신이 없었더라면 우리는 실패했을 거예요.

Without you, we **would have failed.**

시작····························· 확장···

3 그 선생님들이 없었더라면 그 학생들은 어려움을 겪었을지 몰라요.

Without the teachers, the students **might have experienced**

시작···································· 확장···

difficulties.

······························

4 그녀의 도움이 없었더라면 우리는 우리의 시간을 낭비했을 수도 있어요.

Without her help, we **could have wasted** our time.

시작······································· 확장···

5 그의 친구가 없었더라면 그가 그 값을 지불했어야 했을 거예요.

Without his friend, he **should have paid** the price.

시작························· 확장···

DAY 56~59 총정리

양해 및 합의를 구하는 이메일

총정리 순서

STEP 1 기본 구조의 문장으로 구성된 우리말 이메일을 보고 영어로 써 보기

STEP 2 구조가 확장된 우리말 이메일을 보고 영어로 써 보기

STEP 3 구조가 더 확장된 우리말 이메일을 보고 영어로 써 보기

처음부터 끝까지 영어로 쓰는 것이 어렵다면 확장된 부분을 채워 넣어 문장을 완성해 보는

Complete the E-MAIL을 먼저 한 후 Write It RIGHT에 도전해 보세요!

──── SCHEDULE ────

E-MAIL Writing은 한 주의 학습을 총정리하는 순서라서 하루 만에 모두 소화하기에 벅찬 분량인데요, 다 하지 못한 부분은 assignment로 하거나 시간 날 때마다 짬짬이 도전해 보세요! 아래 훈련기록란도 넉넉히 마련해두었습니다.

1차 훈 련 기 록

시작 시간 _____년 _____월 _____일 _____시 _____분

마친 시간 _____년 _____월 _____일 _____시 _____분

총 연습 시간 _____분

2차 훈 련 기 록

시작 시간 _____년 _____월 _____일 _____시 _____분

마친 시간 _____년 _____월 _____일 _____시 _____분

총 연습 시간 _____분

3차 훈 련 기 록

시작 시간 _____년 _____월 _____일 _____시 _____분

마친 시간 _____년 _____월 _____일 _____시 _____분

총 연습 시간 _____분

START WRITING

(이메일.) 시작하기

다음 이메일을 읽고 이메일 라이팅에 도전해 보세요.

Sonya 씨에게,

저의 상황을 이해해주시길 바랍니다. 날씨가 좋지 않았고 그래서 그것이 제시간에 그쪽에 도착하지 않았습니다. 제가 거기 없을 때 일이 벌어져 버렸습니다. 제가 뭔가를 할 수 있었는데 말입니다.

시간을 조금만 더 연장해 주시길 바랍니다. 만일 당신이 시간을 연장해 준다면 제가 이 상황을 바꿀 수 있을 것입니다. 제가 새로운 것을 지금 보내도록 하겠습니다. 만일 그것이 또 다시 늦으면 제가 전적으로 책임을 지겠습니다. 만일 그것이 만족스럽지 않으면 제가 환불해 드리겠습니다. 그것을 받았을 때 만일 당신이 어떠한 문제라도 보게 되면 당신은 즉시 우리의 계약을 취소할 수 있습니다. 만일 당신이 도와 주지 않으면 저는 큰 어려움을 겪게 될지도 모릅니다.

저는 당신의 진심 어린 지원에 항상 감사를 드립니다.

Mike 올림

Complete
the E-MAIL

이메일을 영어로 옮길 때 빈칸에 들어갈 알맞은 말을 써 보세요

Dear Sonya,

Please, understand my situation. The weather was not all right, so it didn't arrive there on time. It happened, when I wasn't there. I could do something.

Please, extend the time a little more. _____

the time, _____ change this situation. I will ship the new

one now. _____ late again, _____ take the full

responsibility. _____ satisfactory, _____ refund

it. Upon receiving it, _____ any problems, _____

cancel our contract immediately. _____ help, _____

face huge difficulties.

I always appreciate your sincere support.

Best regards,

Mike

Write in English

아래 힌트 어휘를 참고하면서 해석을 보고 이메일 라이팅을 해 보세요.

_____

_____

_____

_____

_____

_____

_____

_____

_____

_____

_____

_____

저의 상황을 이해해주시길 바랍니다. 날씨가 좋지 않았고 그래서 그것이 제시간에 그쪽에 도착하지 않았습니다. 제가 거기 없을 때 일이 벌어져 버렸습니다. 제가 뭔가를 할 수 있었는데 말입니다.
시간을 조금만 더 연장해 주시길 바랍니다. 만일 당신이 시간을 연장해 준다면 제가 이 상황을 바꿀 수 있을 것입니다. 제가 새로운 것을 지금 보내도록 하겠습니다. 만일 그것이 또 다시 늦으면 제가 전적으로 책임을 지겠습니다. 만일 그것이 만족스럽지 않으면 제가 환불해 드리겠습니다. 그것을 받았을 때 만일 당신이 어떠한 문제라도 보게 되면 당신은 즉시 우리의 계약을 취소할 수 있습니다. 만일 당신이 도와주지 않으면 저는 큰 어려움을 겪게 될지도 모릅니다.
저는 당신의 진심 어린 지원에 항상 감사를 드립니다.

●Please, understand 이해해주시길 바랍니다 ●situation 상황 ●weather 날씨 ●was not ~하지 않았습니다 ●all right 좋은, 괜찮은 ●so 그래서 ●didn't ~하지 않았습니다 ●arrive 도착하다 ●there 그쪽에, 거기에 ●on time 제시간에 ●It happened 일이 벌어져 버렸습니다 ●when ~일 때 ●wasn't there 거기에 없었습니다 ●could do 할 수 있었을 것입니다 ●Please, extend 연장해 주시길 바랍니다 ●a little more 조금만 더 ●If you ~, I can ~ 만일 당신이 ~라면 제가 ~할 수 있을 것입니다 ●change 바꾸다 ●situation 상황 ●I will 제가 ~하겠습니다 ●ship 보내다 ●new one 새로운 것 ●If it is ~, I will ~ 만일 그것이 ~하면 제가 ~하겠습니다 ●late 늦은 ●again 다시 ●take the full responsibility 전적으로 책임을 지다 ●If it is not ~, I will ~ 만일 그것이 ~하지 않으면 제가 ~하겠습니다 ●satisfactory 만족스러운 ●refund 환불하다 ●Upon receiving 받았을 때 ●if you see ~, you can ~ 만일 당신이 ~을 보게 되면 당신은 ~할 수 있습니다 ●immediately 즉시 ●If you don't ~, I may ~ 만일 당신이 ~하지 않으면 저는 ~될지 모릅니다

Write it RIGHT

완성된 이메일을 보고 올바로 써 본 후, 네이티브 스피커의 음성을 잘 듣고 큰 소리로 따라 읽어 보세요.

Dear Sonya,

Please, understand my situation. The weather was not all right, so it didn't arrive there on time. It happened when I wasn't there. I could do something.

Please, extend the time a little more. If you extend the time, I can change this situation. I will ship the new one now. If it is late again, I will take the full responsibility. If it is not satisfactory, I will refund it. Upon receiving it, if you see any problems, you can cancel our contract immediately. If you don't help, I may face huge difficulties. I always appreciate your sincere support.

Best regards,

Mike

이메일 확장하기

확장된 구조의 다음 이메일을 읽고 이메일 라이팅에 도전해 보세요.

Sonya 씨에게,

저의 상황을 이해해주시길 바랍니다. 만일 날씨가 좋다면 그것이 제시간에 그쪽에 도착할 텐데요(현재 사실의 반대 – 가정법 과거). 제가 거기 없을 때 이런 일이 벌어지는 군요(현재진행형). 만일 제가 거기에 있다면 제가 뭔가를 할 수 있을 텐데 말입니다(현재 사실의 반대 – 가정법 과거).

시간을 조금만 더 연장해 주시길 바랍니다. 만일 당신이 시간을 연장해 준다면 제가 이 상황을 바꿀 수 있을 것입니다. 제가 새로운 것을 지금 보내도록 하겠습니다. 만일 그것이 또 다시 늦으면 제가 전적으로 책임을 지겠습니다. 만일 그것이 만족스럽지 않으면 제가 환불해 드리겠습니다. 그것을 받았을 때 만일 당신이 어떠한 문제라도 보게 되면 당신은 즉시 우리의 계약을 취소할 수 있습니다. 만일 당신이 지금까지 도와 주지 않았더라면 저는 큰 어려움을 겪었을지도 모릅니다(가정법 과거완료).

저는 당신의 진심 어린 지원에 항상 감사를 드립니다.

Mike 올림

Complete
the E-MAIL

이메일을 영어로 옮길 때 빈칸에 들어갈 알맞은 말을 써 보세요.

Dear Sonya,

Please, understand my situation. _____ the weather _____
all right, it _____ there on time. It _____,
when I am not there. _____, I _____ something.
Please, extend the time a little more. If you extend the time, I can change
this situation. I will ship the new one now. If it is late again, I will take the
full responsibility. If it is not satisfactory, I will refund it. Upon receiving it,
if you see any problems, you can cancel our contract immediately. If you
_____ until now, I _____ huge
difficulties.

I always appreciate your sincere support.

Best regards,

Mike

Write in English

아래 힌트 어휘를 참고하면서 해석을 보고 이메일 라이딩을 해 보세요.

_____

_____

_____

_____

_____

_____

_____

_____

_____

_____

_____

_____

_____

_____

_____

저이 상황을 이해해주시길 비랍니다. 만일 날씨가 좋다면 그것이 제 시간에 그쪽에 도착할 텐데요(현재 사실의 반대 – 가정법 과거). 제가 거기 없을 때 일이 벌어지는군요(현재진행형). 만일 제가 거기에 있다면 제가 뭔가를 할 수 있을 텐데 말입니다(현재 사실의 반대 – 가정법 과거).

시간을 조금만 더 연장해 주시길 바랍니다. 만일 당신이 시간을 연장해 준다면 제가 이 상황을 바꿀 수 있을 것입니다. 제가 새로운 것을 지금 보내도록 하겠습니다. 만일 그것이 또 다시 늦으면 제가 전적으로 책임을 지겠습니다. 만일 그것이 만족스럽지 않으면 제가 환불해 드리겠습니다. 그것을 받았을 때 만일 당신이 어떠한 문제라도 보게 되면 당신은 즉시 우리의 계약을 취소할 수 있습니다. 만일 당신이 지금까지 도와 주지 않았더라면 저는 큰 어려움을 겪었을지도 모릅니다(가정법 과거완료).

저는 당신의 진심 어린 지원에 항상 감사를 드립니다.

●If the weather were 만일 날씨가 ~라면 ●it would arrive 그것이 도착할 텐데요 ●on time 제시간에 ●when I am not 제가 없을 때
●If I were 만일 제가 ~에 있다면 ●I could do 제가 할 수 있을 텐데 말입니다 ●Please, extend 연장해 주시길 바랍니다
●a little more 조금만 더 ●If you extend ~, I can change 당신이 ~을 연장해 준다면 제가 바꿀 수 있습니다 ●will ship 보내겠습니다
●new one 새로운 것 ●If it is ~, I will ~ 만일 그것이 ~이면 제가 ~하겠습니다 ●take the full responsibility 전적으로 책임을 지다
●If it is not ~, I will ~ 만일 그것이 ~하지 않으면 제가 ~하겠습니다 ●satisfactory 만족스러운 ●refund 환불하다
●if you see ~, you can ~ 만일 당신이 ~을 보게 되면 당신은 ~할 수 있어요 ●immediately 즉시
●If you have not helped 만일 당신이 도와 주지 않았더라면 ●I might have faced 저는 겪었을지도 모릅니다 ●support 지원

Dear Sonya,

Please, understand my situation. **If the weather were all right, it would arrive** there on time. It **is happening**, when I am not there. **If I were there**, I **could do** something.

Please, extend the time a little more. If you extend the time, I can change this situation. I will ship the new one now. If it is late again, I will take the full responsibility. If it is not satisfactory, I will refund it. Upon receiving it, if you see any problems, you can cancel our contract immediately. If you **had not helped** until now, I **might have faced** huge difficulties.

I always appreciate your sincere support.

Best regards,

Mike

이메일 **더** 확장하기

ㄷ 확장된 구조의 다음 이메일을 읽고 이메일 라이팅에 도전해 보세요.

Sonya 씨에게,

저는 당신이 저의 상황을 이해해주시길 **바랍니다**. 만일 날씨가 좋다면 그것이 제시간에 그쪽에 도착할 텐데요. **저는** 그 일이 벌어지고 있는 중이 **아니길 바랍니다**. **제가 거기에 있다면 얼마나 좋을까 바라봅니다**. 만일 제가 거기 있다면 제가 뭔가를 할 수 있을 텐데 말입니다.

시간을 조금만 더 연장해 주시길 바랍니다. 시간을 연장해 준다면 제가 이 상황을 바꿀 수 있을 것입니다. 제가 새로운 것을 지금 보내도록 하겠습니다. 만일 그것이 또 다시 늦으면 제가 전적으로 책임을 지겠습니다. 만일 그것이 만족스럽지 않으면 제가 환불해 드리겠습니다. 그것을 받았을 때 만일 당신이 어떠한 문제라도 보게 되면 당신은 즉시 우리의 계약을 취소할 수 있습니다. 지금까지 **당신의 도움이 없었더라면** 저는 큰 어려움을 겪었을지도 모릅니다.

저는 당신의 진심 어린 지원에 항상 감사를 드립니다.

Mike 올림

Complete
the E-MAIL

이메일을 영어로 옮길 때 빈칸에 들어갈 알맞은 말을 써 보세요.

Dear Sonya,

_____ understand my situation. If the

weather were all right, it would arrive there on time. _____

it _____ happening. _____ . If I were

there, I could do something.

Please, extend the time a little more. If you extend the time, I can change

this situation. I will ship the new one now. If it is late again, I will take the

full responsibility. If it is not satisfactory, I will refund it. Upon receiving

it, if you see any problems, you can cancel our contract immediately.

_____ until now, I might have faced huge

difficulties.

I always appreciate your sincere support.

Best regards,

Mike

Write in English

아래 힌트 어휘를 참고하면서 해석을 보고 이메일 라이팅을 해 보세요.

저는 당신이 저의 상황을 이해해주시길 바랍니다. 만일 날씨가 좋다면 그것이 제시간에 그쪽에 도착할 텐데요. 저는 그 일이 벌어지고 있는 중이 아니길 바랍니다. 제가 거기에 있다면 얼마나 좋을까 바라봅니다. 만일 세가 거기 있다면 제가 뭔가를 할 수 있을 텐데 말입니다.

시간을 조금만 더 연장해 주시길 바랍니다. 시간을 연장해 준다면 제가 이 상황을 바꿀 수 있을 것입니다. 제가 새로운 것을 지금 보내도록 하겠습니다. 만일 그것이 또 다시 늦으면 제가 전적으로 책임을 지겠습니다. 만일 그것이 만족스럽지 않으면 제가 환불해 드리겠습니다. 그것을 받았을 때 만일 당신이 어떠한 문제라도 보게 되면 당신은 즉시 우리의 계약을 취소할 수 있습니다. 지금까지 당신의 도움이 없었더라면 저는 큰 어려움을 겪었을지도 모릅니다.

저는 당신의 진심 어린 지원에 항상 감사를 드립니다.

●I hope 저는 바랍니다 ●you would~ 당신이 ~해 주기를 ●If the weather were ~ 만일 날씨가 ~라면
●it would arrive 그것이 도착할 텐데요 ●I wish 저는 ~라면 합니다 ●it were not happening 그 일이 벌어지고 있는 중이 아니었습니다
●If I were 제가 있었다면 ●I could do 제가 ~할 수 있을 텐데 말입니다 ●If you extend 만일 당신이 연장해 준다면 ●If it is ~ 만일 그것이 ~이면
●take the full responsibility 전적으로 책임을 지다 ●If it is not ~ 만일 그것이 ~하지 않으면 ●refund 환불하다
●if you see ~ 만일 당신이 ~을 보게 되면 ●Without ~, I might have faced ~이 없었더라면 저는 ~을 겪었을지도 모릅니다

Write it RIGHT

완성된 이메일을 보고 올바로 써 본 후, 네이티브 스피커의 음성을 잘 듣고 큰 소리로 따라 읽어 보세요.

WORD COUNT
112
60-03

Dear Sonya,

I hope you would understand my situation. If the weather were all right, it would arrive there on time. **I wish** it **were not** happening. **I wish I were there.** If I were there, I could do something.

Please, extend the time a little more. If you extend the time, I can change this situation. I will ship the new one now. If it is late again, I will take the full responsibility. If it is not satisfactory, I will refund it. Upon receiving it, if you see any problems, you can cancel our contract immediately. **Without your help** until now, I might have faced huge difficulties.

I always appreciate your sincere support.

Best regards,

Mike

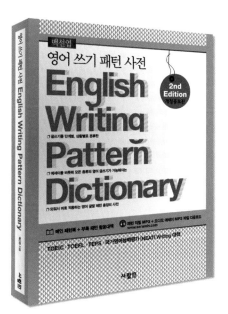

내가 쓰고 싶은 문장을 모두 모아 놓은
영어 글말 패턴 총정리 사전

영어 쓰기 패턴 사전 개정증보판
백선엽 저 │ 4×6배판 변형 │ 472쪽 │ 17,600원

샘플 이메일 속 어구만 바꾸면
내가 쓰고 싶은 이메일이 된다!

바로바로 찾아서 쓰는 국내 최다 770개 상황별 이메일 쓰기!

비즈니스 영어 이메일 패턴 사전
백선엽 저 | 4×6배판 변형 | 480쪽 | 19,800원